能愿动词、情态和主观表达研究

NENGYUAN DONGCI QINGTAI HE ZHUGUAN BIAODA YANJIU

郭昭军 著

本书得到南开大学文学院

“比较语言学”教学团队资助。

特此说明并致谢！

语文出版社

·北京·

图书在版编目（CIP）数据

能愿动词、情态和主观表达研究 / 郭昭军著. -- 北京 : 语文出版社, 2019.9
ISBN 978-7-5187-0939-7

Ⅰ. ①能… Ⅱ. ①郭… Ⅲ. ①语义学一研究 Ⅳ. ①H030

中国版本图书馆CIP数据核字(2019)第213996号

责任编辑 金春梅 王 琦
装帧设计 于 轲
出 版 语文出版社
地 址 北京市东城区朝阳门内南小街51号 100010
电子信箱 ywcbsywp@163.com
排 版 北京大有艺彩图文设计有限公司
印刷装订 北京市科星印刷有限责任公司
发 行 语文出版社 新华书店经销
规 格 890mm×1240mm
开 本 A5
印 张 7.75
字 数 180千字
版 次 2019年9月第1版
印 次 2019年9月第1次印刷
印 数 1-1,000
定 价 30.00元

010-65253954（咨询） 010-65251033（购书） 010-65250075（印装质量）

序

马庆株

郭昭军博士2000—2003年跟我攻读博士学位，他才思敏捷，善于思考，心直口快，与他接触的人都会有这样的鲜明的印象。他在我的学生里当属高水平的，有很大的科研潜力。遗憾的是他由于主客观原因，近年来成果不多，至今仍然在副教授的岗位上。

郭昭军博士的这部专书代表当今研究水平，很值得推荐阅读。这是郭昭军博士修改整合其博士学位论文和博士后研究报告而成的一部分量厚重的专书。这成果本来是多篇专题论文，其中7篇已发表于北大《语言学论丛》、中国语文丛书《语法研究和探索》、《汉语学报》、《语言研究》、《南开语言学刊》、《汉语学习》等刊，都侧重研究具体现象而非理论探讨。

郭昭军博士结合语义表达把能愿动词的研究向前大大推进了一步。我在《能愿动词的连用》等文中粗线条地分析了能愿动词的意义，只列出了使用频率最高的一两种意义。郭昭军博士站在较高的理论高度以大量语料为依据考察能愿动词，特别是对多义能愿动词的分析，时见新意，深化了我们对能愿动词、情态义、主观性的认识。以下三点特别值得注意：

一、把汉语常用能愿动词的语义纳入普遍的情态语义框架，有利于不同语言之间的比较研究。他的研究还涉及《老乞大》记载的近代汉语和他的母语黄梅话的述补结构可能式，深度之外更见广度，使这本专书增加了厚重感。

二、着重考察能愿动词的语义与形式和用法之间的复杂对应关系，有利于形式与意义之间的相互验证，从而使能愿动词的语义研究更客观科学。用他自己设计的软件统计语料，注意把定量分析与定性分析结合起来，体现了求真务实的严谨学风。从这部书的字里行间可以看出作者尊重同行，采纳了别人意见之处特别注明，很值得称道。

三、把能愿动词、可能补语和插入语等相关现象统一在情态和主观性之下，使相关研究具有更新的角度和更广的视野。系列专题论文围绕一个中心，一步步建立起自己的一块语言研究根据地，这种做法值得语言科学工作者效法。

顺便说一点意见。可能补语是一般说法。其实是整个述补结构才表示可能，这补语本身仍然表示结果而不表示可能，应该仍然是结果补语。人们通常把构造（construction）功能归结到其中的一个成分上，严格地说这是一种张冠李戴。但如今学界多数人都是这样叫的，于是习非成是，不严格的话，可以从众，无奈地容许。如果严格点不妨多用几个字，把“可能补语”叫作“可能式述结式中的补语”。

再提个希望，郭君有才气，盼在语法研究上奋起，以自己的研究实绩丰富发展语义功能语法理论，坚守自己的学术根据地，能愿动词还可以继续挖掘，还可以不断推出创新性系列成果，然后再扩大研究领域，为新时期中国语言学事业立新功，我们热切地期待着！

是为序。

2018 年 1 月 20 日于忧乐斋

目　录

第一章　绪　论

1.1　“情态”的含义

“情态”（modality）这个术语来自于模态逻辑学（modal logic）中的“模态”（modality）一词。[①] 模态有狭义和广义之分，狭义的模态是指“事物或认识的必然和可能性等这类性质”，（周北海 1996：1）通常所说的模态逻辑一般都是研究这种模态的。狭义模态研究的是关于真的性质，即必然真、可能真等，因此又称为真势模态（alethic modality）。例如：

（1）明天下雨或不下雨是必然的。（周北海 1996：2）

这个命题与明天是否下雨无关，仅仅通过其中的逻辑关系就可以看出它必然为真。

广义的模态还包括可能和必然等性质之外的一些性质或状态，如知道、相信、应该、允许和禁止等。关于广义模态的研究就是广义模态逻辑，如知道逻辑、信念逻辑和道义逻辑等。例如：

（2）子女应该赡养父母。

这是一种社会规范（即道义），它的模态属性在于：如果作为子女的 X 遵守这个规范，那么 X 必然赡养父母，也就是“子女赡养父母”必真。然而实际情形却是，并非每个子女都遵守这个规范

① 本部分关于模态逻辑的内容主要参考周北海（1996）。

（遗弃父母的现象屡有发生），所以它并不必然为真。

不过作为一种语言现象，语言中的情态并不等于模态逻辑中的模态。所谓情态，概括地说就是指说话人对于句子所表达的内容（即命题）的各种主观态度或观点。（Bussmann 1996：307）因此，除了模态逻辑中所说的可能和必然这类客观性质之外，语言中的情态还包括能力、意愿、义务、许可、禁止和推测、推理等主观性质，也就是所谓的广义模态。相对于狭义的模态逻辑而言，语言中的情态大多数具有主观的特征。因此一般学者都认为，语言中的情态基本上是主观的（Lyons 1977：39）。①

1.2 情态的语义类型

作为语义学术语的"情态"虽然来自于模态逻辑，而人们对语言中的这种现象的注意却是很早就有的事情。最典型的就是关于广泛存在于印欧语言中的动词的屈折形式——式（mood）的研究，如叶斯柏森（1924）就专门有一章讨论 moods（式）。而式这种形式范畴就是用来表达情态语义的一种很重要的形式手段。（关于式与情态的关系，下文再讨论）

国外对模态或情态的研究（包括语言中的情态的研究）时间比较早，成果也很丰富。由此对于作为一种语义范畴的情态的类型（即情态的语义类型），许多学者从不同的角度（包括哲学家、逻辑学家和语言学家等，分别从哲学、模态逻辑和语义学的角度）提出了许多不同的系统。

---

① 这也正是我们把 modality 一词译为"情态"而不译为"模态"的原因，虽然二者所用的实际上是同一个词。

传统的观点把情态分为道义（deontic）和认识（epistemic）两大类，如 Lyons（1977）和 Palmer（1986）。所谓道义情态是指某种社会权威或社会规范、规则等要求做某事或不做某事，它包括义务（obligation）和许可（permission）两大类。①

（3）遇事应该冷静。（吕叔湘 1999：624）

这个“应该”表达义务情态，即按照情理必须如何。

认识情态则是指说话人根据已有的知识对句子所表达的命题的主观判断或估计。（Coates 1995：55）epistemic（认识）一词来源于希腊语 epistēmē，本意是“知识”（knowledge）。如：

（4）这是尼龙的，应该比较结实。（同上）

这个“应该”表达认识情态，即说话人根据已有的知识（尼龙的一般都比较结实）推测：因为这是尼龙做的，所以肯定比较结实，而不是说有义务结实，因为对无生命的事物是不可能施加义务的。

除此之外，一般所说的情态还包括意愿（volition）和能力（ability）等。而它们既不属于道义情态，也不属于认识情态，而是属于动力（dynamic）情态（Palmer 1979）。动力情态是关于人的能力和性格的，也就是事件情态（event modality，见下文）中不涉及道义的那部分。（Palmer 1979：3）

可能性是两种最基本的模态类型之一。② 语言所表达的可能性按照其原因可以分为两种：一种来自于人之外的客观环境或条件，一种则来自于说话人根据已有的知识所作出的推测、推理或估计。前者就是所谓的根（root）可能，后者则是认识可能。如：

① 禁止则是由许可派生的，因为所谓禁止就是不许可。

② 另一个是必然性。按照亚里士多德的模态方阵，其他模态可以根据可能和必然这两种模态中的任何一个来定义。例如“可能 p”就是“不必然非 p”，“必然 p”就是“不可能非 p”等。

（5）明天我有事，所以不能来。

（6）干这种事的人还能是好人？（朱德熙 1982：63）

例（5）表示外在的环境使“我来”成为不可能。而例（6）则表示说话人主观推测“干这种事的人”不可能是好人。

根可能属于根情态（root modality）的一种，所谓根情态是相对于认识情态而言的，也就是非认识情态。之所以称为根情态是因为从历时发展和共时隐喻的角度看，认识情态一般来源于根情态。[①] 除根可能外，根情态还包括能力和意愿等动力情态以及义务和许可等道义情态。而认识情态则主要包括认识可能、必然和不可能。

能力、意愿和根可能等情态都是表达句子主语所代表的施事实施某种行为动作的各种条件，而与说话人并没有直接的关系，因此 Bybee（1985）称之为“施事导向的情态”（agent-oriented）。例如：

（7）大蒜能杀菌。（吕叔湘 1980：368）

它表达的是主语（可以看作广义的施事）“大蒜”具有“杀菌”的属性（潜能）。

与此相反，义务、许可和禁止等表达的则是说话人对某人做某事或不做某事的主观态度（即指令），因此 Bybee（1985）称之为“说话人导向的情态”（speaker-oriented）。如：

（8）公园里的花不能随便摘。

与例（7）不同，例（8）表达的不是主语“公园里的花”具有什么属性，而是说话人对“公园里的花能否摘”的主观态度，句子的施事实际是“人”，但没有出现。

① 参见 Palmer（1986）和 Sweetser（1990）。

除此之外就是一般所说的认识情态，它表达的是说话人对某个命题的真值的主观看法或推测。这种把情态一分为三的系统，比较好地揭示了不同情态在性质上的不同，特别是主观性程度上的差别。

不管是道义情态、动力情态、施事导向的情态还是说话人导向的情态，都是用来表达主语所代表的主体实施谓语动词所表示的动作行为这个事件的各种条件（可能或必然）。因此 Palmer（2001）称之为“事件情态”（event modality）。例如：

（9）只要认真读下去，就能读得懂。（吕叔湘 1980：415）

它表示（某人 X）“只要认真读下去”，X“读得懂”（某物）这件事就可能发生。

而认识情态则不同，它表达的不是事件的实施的可能与否，而是说话人对句子所表达的命题的真假的主观判断，因此 Palmer（2001）称为“命题情态”（propositional modality）。如：

（10）这件事他能不知道吗？（同上）

它表达的是说话人认为命题“这件事他不知道”不可能为真，即“这件事他不会不知道”。

1.3　情态的表达方式

Bybee 和 Fleischman（1995）指出，情态“是属于语言表达的意义成分的语义域”，也就是说情态本质上是一种语义范畴，而非语法形式范畴。从理论上说，一种范畴只要是语义的，而不是语法形式的，那么它在世界各种语言中都应该有所表现。这正如作为语义概念的数量（quantity）不同于作为语法范畴的数（number）一样，后者不是所有语言都具有的形式范畴（如汉语），而所有语言却都要表达数量这种观念。情态正是这样的一种范畴。同时正因为情态是一种语义范畴，而非语法形式范畴，所以它在世界不同语言中的表达形式或手段就可能不一样。事实也正如 Bybee 和 Fleischman（1995）所指出，情态在世界语言中的表达方式是多种多样的，有形态的、词汇的、句法的，甚至是语调韵律的，而且这些方式和手段并不相互排斥。例如英语用情态助动词（modal auxiliaries），古典希腊语和拉丁语用动词的式（mood）（Palmer 1986），朝鲜语则用句末后缀和动词后缀等。（Choi 1995）例如：

（11）Younghi-ka Seoul-ey ka-**ya/to** tway-**e**. （Choi 1995）

Younghi- 主格 汉城 - 处所 去 - 动词后缀 助动词 - 句末后缀

Younghi 必须 / 可以去汉城。

例（11）中的“-e”是句末后缀，表示该句为估计的信息；“-ya/to”则是句子的主要动词的后缀，分别表示义务和许可。

1.4 汉语助动词的情态研究

在汉语中，情态意义主要是通过助动词（能愿动词）来表达的。反过来也可以说，汉语的助动词大多数是用来表达情态意义的。[①] 以往对汉语助动词的研究不可谓不多（包括对外汉语教学界的研究），然而却不能令人满意，特别是对助动词的语义的研究。这种不足之处主要表现在，由于没有一个共同的理论视角（特别是语义平台），不同的研究者对同一助动词的语义的归纳各不相同，见仁见智、莫衷一是，主观任意性很大。例如对最常见的助动词

① 汉语中有些助动词主要不是表达情态意义的，例如马庆株（1988）所说的“愿望动词”和“估价动词”等。

“能”的意义，各家的观点如下：

吕叔湘（1999：414—415）：1. 有能力或有条件做某事；2. 善于做某事；3. 有某种用途；4. 有可能；5. 情理上许可；6. 环境上许可。

渡边丽玲（2000a）：特定时间或条件的能力、相对永恒的能力（包括本能或好的习性习得技能、在数量上发挥、独特状况的能力、客体功能等）、条件许可的可能性、实现与发生的可能性。

郑天刚（2002b）：具备内在成事条件、具备外在成事条件、具备情理成事条件、具备事理成事条件。

这说明各家对“能”的语义的归纳差别很大，而且有一种越来越主观的倾向，这种倾向在对外汉语教学界尤其如此。这种凭个人的主观理解所得出的结论无论对语法研究还是对语法教学来说，都是没有多大的理论意义和实用价值的。

此外，对助动词的语义的研究（特别是对具有多义性的助动词的语义的研究）没有很好地结合句法形式和使用等标准，而是从自己的主观理解出发，这就大大降低了其研究的客观性和结论的可信度。

鉴于上述原因，如果从情态这个世界语言普遍具有的语义范畴的角度出发，我们就可以很容易整理出汉语助动词的语义系统来。而且这种研究可以与国外的相关研究和其他语言的类似现象的研究结合起来，使我们对汉语助动词的研究具有更强的普遍意义和更高的类型学价值。

从情态范畴的角度来研究汉语的助动词，我们认为可以分三个阶段逐步进行：

首先，借鉴国外丰富的研究成果（特别是关于情态的语义类型及其相互关系）来初步整理出汉语助动词的语义系统（主要是情态语义）。

其次，从句法和语义互动的角度考察表示同一情态类型的不同助动词以及同一助动词的不同情态语义之间的相同点和不同点。

最后，在现代汉语助动词研究的基础上，进一步考察汉语方言的情态表达问题，以及汉语史的各个阶段的情态问题（特别是助动词的历时发展演变），并把这三个方面的研究结合起来进行比较分析。

我们认为，只有在上述三个方面的研究都比较成熟的时候，我们才能说汉语的情态研究已经成熟了。当然，这三个方面的研究都可以与世界其他语言的相关研究进行比较，这样得出来的结论就可能具有类型学的价值了。

第二章　助动词“能”的多义性及其选择因素

本章从情态（modality）语义角度，考察助动词“能”的意义和形式之间的相互制约关系。“能”可以表达四类情态意义，即能力、许可、客观可能和认识可能（主观可能）。不同意义、用法的“能”在句法形式和使用上是有区别的，表现在否定形式、程度修饰、与“了$_2$”共现、小句功能、句类和出现频率等方面。影响“能”的意义选择的因素包括主语（人称和生命度）、谓词宾语、副词和语体等。

“能”作为最常用的助动词，以往的研究主要从两个方面进行：一是通过与其他助动词（“会、可以”等）的比较来考察其意义和用法；二是在具体语境中探讨其意义和用法（如王伟 2000）。但是对于“能”的不同意义在句法形式和使用上的区别，以及决定其意义选择的各种因素等，则较少有人研究。实际上，与“能”一样具有多义性的助动词都存在这个问题。

本章在王伟（2000）等研究的基础上，从情态语义角度考察“能”在表达情态意义时的多义现象，以及影响其意义选择的各种因素。希望通过这样的考察，来说明汉语助动词在表达情态语义方面的一些规律。

2.1 “能”的四种情态意义

2.1.1 在世界许多语言中都有体现，如英语情态助动词（modal auxiliaries）。现代汉语的许多助动词也可以表示不同的情态意义，如“会”（能力和推测）、“可以”（许可和客观可能）、“应该”（义务和推断）和“能”等。

2.1.2 助动词“能”主要表达能力、许可和客观可能，在一定条件下也可以表达认识可能（主观推断）。前三种属于非认识（root）情态，后者属于认识（epistemic）情态。非认识情态表达施事（主语）实施谓语动词所表示的动作行为的各种条件和状况，如能力、义务、许可和意愿等。认识情态则表达说话人对句子所表达的命题的真值的主观推测、判断等。[①] 分别举例如下（老舍：骆驼祥子）：

（1）是的，到城里以后，他还能头朝下，倒着立半天。（能力）

（2）祥子知道事情要坏，可是在街面上混了这几年了，不能说了不算，不能要老娘们脾气！（许可）

（3）冬天又来到了，从沙漠吹来的黄风一夜的工夫能冻死许多人。（客观可能）

（4）以他的身体，以他的车，去和他们争座儿，还能有他们的份儿？（认识可能）

2.1.3 关于“能”的能力义，有人认为指一般人不具备的特殊能力，如“能走路”。实际上这种特殊能力的含义是一种语用现象，而非“能”本身表达的。按照会话合作原则，说话人在说出一

---

① 关于根情态（非认识情态）与认识情态的区别，参见 Lyons（1977）、Coates（1983）、Palmer（1986）和 Heine（1995）等。

句话时应提供新信息。对于生理正常的人来说，具备“走路”的能力应是不言而喻的。如果一个人在正常情况下说“我能走路”，当然是不可理解的。因此，在通常情况下“能走路”就有“有脚劲，能走长路”的含义。而对未成年人来说，“走路”则不是必备的能力，因而“能走路”也就仅指一种基本的生理能力，而没有“脚劲好”的含义。如：

（5）好在苦根很快大起来，苦根能走路了。（余华：活着）

（6）这群孩子中能走路的全不常在家。（老舍：牛天赐传）

（7）只要有脚能走路，他便还可以作许多的事。（老舍：四世同堂）

“能说、能吃、能睡、能跑”等通常都带有这种特殊含义，而不仅仅指某种生理能力。这种特殊含义实际上是“能”的一种规约隐含（conventional implicature）。①

许多学者认为，“能”可以表示“善于做某事”。所谓“善于”是指不但具有某种能力，而且这种能力还很强。实际上，除了上面所说的规约隐含义外，所谓“善于”的含义大都是“能”前面的程度修饰成分带来的。如：

（8）他很能团结同志。（吕叔湘 1980：368）

（9）言外有替连殳道歉之意；这样地能说，在山乡中人是少有的。（引自王伟 2000）

如果删除这些修饰成分，“能”就不会有“善于”的含义。比较：

（10）a. 他很能喝酒。

b. 他能喝酒，不过喝得不多。

① 关于会话隐含（conversational implicature）和规约隐含的含义，参见 Horn（1991）等。

此外，像“能说会道”“能干”之类属于约定俗成的说法，更不能作为“能”具有这种含义的证据。上述两点说明，我们在研究助动词的语义时，应该区分词语本身的语义与语境隐含的意义，不能把二者混为一谈。

2.1.4　许可（permission）是指人的权力或者某种社会规范、规则等允许施事（主语）实施谓语动词所表示的动作行为。表示许可的“能”除对比外，大多用于否定或疑问。（吕叔湘 1980：368）比较：

（11）a. 经鉴定不能出境的文物，国家可以征购。（中华人民共和国文物保护法）

b. ？经鉴定不能出境的文物，国家能征购。

助动词“可以”和“能”都能够表示许可义。但二者在肯定否定上不对称，肯定的多用“可以”，否定的则多用“能”。如：

（12）到农村劳动也可以搞一点，但不能太多。（邓小平文选）

因此我们推测，表许可的“（不）能”实际是“可以”的否定式。至于其原因，目前还不清楚。

2.1.5　客观可能（root possibility）是指由于客观环境或条件允许，使得主语实施谓语动词所表示的动作行为成为可能。客观可能与能力的区别在于，后者是由有生施事自身的内在条件决定的，而前者则是由外在的客观环境或条件使然。

很多学者认为，主语为无生名词的“能”表示“有某种用途”的含义。如：

（13）大蒜能杀菌。（吕叔湘 1980：368）

实际上，这种用法的“能”指的还是一种客观可能。而且主语为无生名词的“能”并不都可以解释为“有某种用途”。如：

（14）这种灭火器的开关能自动开启。（现代汉语倒序词典）

下面的例子就更没有“用途”的含义了。

（15）这种毒素毒性极强，能抑制蛋白质和DNA的合成……（人民日报，1995.4.22）

2.1.6 “能”的上述三种意义都属于客观情态，而其认识意义则是一种主观情态。主观情态是指说话人对句子所表达的命题的主观推断（多表示不可能）。如：

（16）咱是什么人，能上这么个小娘们的当吗？（北京人在纽约）

（17）一脸烟气，几天没过瘾，这种人手脚能干净吗？（邓友梅：烟壶）

与其他用法的“能”不同，表示主观推断的“能”一般多用于反问句中。比较：

（18）a. 干这种事的人还能是好人？

b. * 干这种事的人能是好人。

其回答一般用“不会”或“不可能”，而不用“不能”。如：

（19）——假定冬天来了，春天还能远吗？（俞平伯：春来）

——不会/不可能/* 不能（远）。

2.2 “能”的其他用法

2.2.1 除了上述四种情态义之外，“能”还有两种用法，即祈使和请求。祈使就是说话人要求听话人实施某种动作行为，其形式除“能VP吗”和“能不能VP”外（王伟2000），还有一种是用

“你能VP”充当“希望”等动词的宾语。① 如：

（20）我和你爸爸都希望你能来电话。（北京人在纽约）

请求则是说话人向听话人寻求许可做某事。形式为“我能VP吗”或“我能不能VP”。如：

（21）老板，我能跟你谈谈吗？（同上）

（22）我能不能再就晚报上那篇文章提几个问题？（梁晓声：感觉日本）

2.2.2　关于“能”的祈使和请求用法，有两点需要说明：第一，这两种用法只用在对话中，具有很强的语体限制。（见下文）第二，即使在对话中，“你能VP吗”“你能不能VP”和“希望你能VP”等也不一定表示祈使。② 如：

（23）如果我答应，你能给我保证按时出货吗？（北京人在纽约）

（24）我给你出个难题儿，你能不能编出一个月的萝卜菜谱儿？（编辑部的故事）

（25）你瞧，我希望你能自立，必要的时候，能挣钱养活自己。（老舍：鼓书艺人）

同样，对话中的“我能VP吗”和“我能不能VP”也不一定表示请求。如：

（26）看你丢三落四的，我能放心吗？（编辑部的故事）

（27）我能不能在你这儿干活吧？（北京人在纽约）

2.2.3　“能”的祈使和请求用法与语用推理有关。从语用学角度看，实施一种言语行为需要符合一定的合适性（felicity）条件。

① 有学者认为，这种祈使义来自于动词“希望”等，这正说明祈使并不是“能”表达的。

② 鲁晓琨（2001a）也注意到这一点，不过她只讨论了祈使这一类（她称之为“请求”）。

当要求听话人做某事时，前提是说话人知道听话人具有实施这种行为的能力，这是指令性行为（directives）的共同特点，如义务和许可。[①] 从听话人理解的角度看，按照会话合作原则中的量的准则，当被询问人的能力显而易见时，说话人肯定还有言外之意。如“打电话”是任何正常人都具备的能力，因此问一个人有无“回/来电话”的能力就有了间接祈使的含义。此外，真正询问能力的“能”可以用“有VP的能力”或“有能力VP”替换，而用于祈使的“能”则不行。比较：

（28）我希望你能考上大学→我希望你有考上大学的能力→我希望你有能力考上大学。

（29）我希望你能来电话→？我希望你有来电话的能力→？我希望你有能力来电话。

“能”用于请求同样是语用推理的结果。从事理上说，说话人对自己的能力应该比听话人更了解。所以表面上看，说话人向听话人询问自己的能力不符合语用规律。因此，听话人应该从其他方面来理解这种言语行为。问“我能VP吗”或者“我能不能VP”，其语用效果就是问听话人“你允许我VP吗”。[②]

其实，情态词与言语行为之间具有密切的关系。Quirk等（1985/1988：296）指出，“情态动词常和特定的实际用途有关，例如用于请求、提议等，在这种情况下，它们的过去时形式往往具有探询或礼貌的含义。”

不过，词语本身的意义与由语用推理所产生的意义不是截然对

---

① Coates（1983：87）指出：“所有人际的指令性行为都是由一个基于听话人的条件控制的，即说话人必须相信听话人具有实施这种动作的能力。”

② 除适宜性条件外，可能还有别的语用因素的制约，如礼貌原则。

立的。因为从总体上来说，语用推理是意义衍化的重要途径；同时，意义的变化也往往发生在特定的句法环境中。

2.2.4 用于祈使和请求的“能”问句与询问能力和客观可能的“能”问句，在回答方式上也不同。后者一般直接用“能 / 不能”回答，而前者则一般用“可以 / 不可以”回答。如：

（30）——你能给我回个电话吗？（祈使）

——可以 /? 能。

（31）——我能提个问题吗？（请求）

——可以 /* 能。

（32）——你明天能来吗？（客观可能）

——能 /? 可以。

2.3 不同意义的“能”在句法形式和使用上的差别

不同意义的“能”在句法形式和使用上是有区别的，这是区分“能”的不同意义的根据所在，而以往的研究基本上没有考虑到这个问题。

2.3.1 首先是否定形式。表能力的“能”的否定除“不能”外，也可以用“V 不了”（作为能力的否定式，后者比前者更常用），但不能用“不可以”。这种“能”也不受“没”否定。如：

（33）a. 城里的小姐不能吃苦。

b. 城里的小姐吃不了苦。

c. * 城里的小姐不可以吃苦。

d. * 城里的小姐没能吃苦。

“没V”是对“V了”的否定，因此它否定的是单一的事件。而能力则是一种相对稳定、匀质的内在属性，而非有固定起止点的事件，因此与“没”的语义不相容。这与属性动词“是”“属于”等不受“没”否定的原因是一样的。

表许可的“能”的否定常用“不能”，有时也能用“不可以”，但不能用“V不了”。这种“能”也不受“没”否定，不过原因与能力义不同。表示不许可的“不能”实际上是表许可的“可以”的否定式，而后者是不受“没”否定的。① 如：

（34）a. 上课时不能说话。

b. 上课时不可以说话。

c. *上课时说不了话。

d. *上课时没能说话。

表示客观可能的“能”可以用“不能”和“V不了”来否定。如：

（35）a. 这间屋子不能住五个人。

b. 这间屋子住不了五个人。

但一般不用“不可以”来否定，虽然助动词“可以”也能表示客观可能义。实际上后者的否定式恰好就是“不能”。（吕叔湘1980：302）比较：

（36）a. 这间屋子能/可以住五个人，那间屋子不能。

b. *这间屋子能/可以住五个人，那间屋子不可以。

当句子表示过去或已然事件时，客观可能“能”可以受“没”的否定。比较：

（37）a. 小王拦了拦他，没能拦住。（陈建功、赵大年：皇城根）

① 例（34c）改为“上课时说不成话”时可以成立，但后者是表示客观可能（根可能）而非许可的否定。

b. * 小王拦了拦他，不能拦住。

客观可能“能”虽然可以用“不可能”来否定，但意义略有不同，后者更接近于主观推测（认识义），而且它后面还可以带可能补语，而“不能”却不行。比较：

（38）a. 这间屋子不能住五个人→*这间屋子不能住得了五个人。（客观可能）

b. 这间屋子不可能住五个人→这间屋子不可能住得了五个人。（主观推测）

表主观推断（认识可能）的“能”的否定只能用“不会”或“不可能”，而不能用“不 / 没能”或“V 不了”。如：

（39）a. 干这种事的人不会 / 不可能是好人。

b. * 干这种事的人不能 / 没能是好人。

c. * 干这种事的人是不了好人。

2.3.2　其次是程度修饰。表示能力的“能”除后面宾语部分带数量成分外，一般可以受“很”“真”和“太”等程度副词以及“这么”“那么”等谓词性代词修饰。如：

（40）廉伯现在作侦探长，很能抓弄些个钱。（老舍：新时代的旧悲剧）

（41）你们大陆来的女人太能吃苦了。（北京人在纽约）

（42）你这小坏蛋，怎么这么能让人害臊。（王小波：未来世界）

当宾语部分带有表具体量的数量成分时，“能”不受程度成分修饰。比较：

（43）小王一顿饭能 /* 很能吃五个馒头。

这与动词本身能否受程度副词的修饰没有必然关系。试比较：

（44）他 * 很喝 / 很能喝 / 很能喝几杯 /* 很能喝三杯。

表示客观可能的“能”受程度副词的修饰很受限制。比较：

（45）下面一桩小事，很能说明他对钱的态度。（陈诏：双“钱”佳话）

（46）* 他明天没事，很能来。

表示许可和主观推断的“能”则不受任何程度副词的修饰。如：

（47）* 这种电影大人很能看，小孩不能看。

（48）* 干这种事的人还很能是好人？

2.3.3　再看能否与“了$_2$”共现。“能”的非认识意义与认识意义不同，表能力、许可和客观可能的“能”可以与句末助词“了$_2$”搭配。如：

（49）儿子念了几年私塾，能记帐了，就不念了。（汪曾祺：异秉）

（50）真的，我恳求您了，再不能这么不负责任地蒙骗下一代了。（王朔：一点正经没有）

（51）奶奶，我爸爸摔伤了，不能来了……（方捷：“红嫂”和她的“儿子”）

而表示主观推断的“能”则不与“了$_2$”共现，即使是对过去或已然情况的推测。比较：

（52）a. 满天星星，哪能下雨？（吕叔湘 1980：368）

b. * 满天星星，哪能下雨了？

2.3.4　再看小句功能。表能力、许可和客观可能的“能 VP”可以构成关系小句修饰名词。而表示认识意义的“能 VP”由于只用在反问句中，因此不能构成关系小句。比较：

（53）a. 人能制造工具→能制造工具的人

b. 教室里不能吸烟→不能吸烟的教室

c. 一间屋子能住五个人→能住五个人的一间屋子

d. 这种人手脚还能干净？→ * 这种手脚还能干净的人

2.3.5　再看句类区别。表许可的“能”多用于否定和疑问，在肯定句中则多用“可以”。比较：

（54）——教室里能抽烟吗？

——可以 /? 能吧。

在电视剧剧本《北京人在纽约》中，表示许可的“能”有 57 例，全部用于否定、反问或疑问（分别为 47、9 和 1 例）。

表主观推断的“能”绝大多数用于反问句中，在非问句中则用“会”或“可能”。① 如：

（55）a. 你不能不知道吧？（北京人在纽约）

b. * 你不能不知道。（推断）

c. 你不会 / 可能不知道。

2.3.6　最后是出现频率。不同意义的“能”的出现频率差别很大。比如:《骆驼祥子》中有 433 例“能”，其中表能力、许可、客观可能和认识的各占 22%、25%、51% 和 2%。这说明，“能”表能力只占很小的比例，表许可也略多于表能力，而最常用的则是表示客观可能的用法。

2.4　影响“能”的意义选择的各种因素

制约情态词的意义选择的因素既有语言内的，也有语言外的。下面考察语言内因素对“能”的意义选择的影响。

① 例（55a）“吧”是表是非问的“吧$_1$”，而不是表祈使语气的“吧$_2$”。马庆林（1988）指出，非自主动词后面的“吧”只能是“吧$_1$”，“知道”为非自主动词。

2.4.1　主语包括人称和生命度两个方面。主语为第一和第三人称的“能”在肯定陈述句中很少表示许可；而主语为第二人称的“能”则除在疑问句中外，倾向于表示许可。如：

（56）a. 我 / 他不能喝酒。

b. 你不能喝酒。

例（56a）可以表示能力（我 / 他没有喝酒的能力）和客观可能（客观环境不允许我 / 他喝酒），而例（56b）则只能表示许可义（说话人不允许听话人喝酒）。后者能够用“可以”替换，而前者不行。因为助动词“可以”一般不表示能力义（吕叔湘 1980：302）。比较：

（57）a.？我 / 他不可以喝酒。（能力）

b. 你不可以喝酒。（禁止）

例（57a）可以转换为可能补语式“V 得 / 不了”，而例（57b）则不行。因为“V 得 / 不了”只表示能力和可能，而不表示许可。比较：

（58）a. 我 / 他不能喝酒＝我 / 他喝不了酒。（能力、客观可能）

b. 你不能喝酒≠你喝不了酒。（许可≠能力）

再看主语生命度（animacy）的影响。典型能力的主语为有生名词，有施事功能。（Coates 1983：14，89）特别是指人名词和人称代词作主语的“能 VP”，可以用“有 VP 的能力”或“有能力 VP”替换。如：

（59）人能制造工具→人有制造工具的能力→人有能力制造工具→人有制造工具的本领

主语为非人有生名词的“能”的意义处在能力与客观可能之间。如：

（60）狗能看家→？狗有看家的能力→？狗有能力看家→狗有看家的本领

当主语为无生名词、抽象名词或谓词性成分时，“能”不表示能力。如：

（61）大蒜能杀菌→＊大蒜有杀菌的能力→＊大蒜有能力杀菌→＊大蒜有杀菌的本领→大蒜有杀菌的功能

2.4.2 “能”后的谓词宾语可以制约其意义。自主动词前的“能”可以表能力和可能，而非自主动词前的“能”则一般只表可能（马庆株 1988）。

“能”与大部分自主动词组合可以表达上述四种情态意义。如：

（62）a. 这事我能干。（能力）

b. 这事有工具才能干。（客观可能）

c. 一个党员不能干这种事。（许可）

d. 一个老党员能干这种事吗？（主观推断）

但“能”与不及物自主动词“来”“去”结合时，只表客观可能或许可，不表能力。如：

（63）他能来 / 去→＊他有来 / 去的能力→＊他有能力来 / 去→他有来 / 去的可能。

“能”与非自主动词组合只表示可能，包括客观可能和认识可能，不表示能力。[①] 比较：

（64）医生说，他这次能醒过来已经是个奇迹了。（客观可能）（柳建伟：突出重围）

---

① 不过，有时也可以找到非自主动词前面的“能”表示能力的例子，特别是在书面语中。如：

a. 她既是鸡群之鹤，同时又很能明白大家的心理，天赋的聪明！（老舍：文博士）

b. 他很能知道，这民性，终究会要变成一座大爆发的火山。（叶紫：南行杂记）

（65）这还能错？我天天听惯了的，娇声娇气的！（认识可能）（汪曾祺：羊舍一夕）

再看形容词。“能”与动态形容词（“好”等）组合时，大多表主观推断。如：

（66）你说，我这样老顶撞他，他对我的印象能好吗？（冯骥才：一百个人的十年）

表客观可能则多见于肯定句，否定句多用“V 不了”。比较：

（67）a. 这种病能好吗？（反问：主观可能 / 是非问：客观可能）

b. ？这种病不能好。（是非问回答：客观可能）

c. 这种病好不了。（反问回答：客观可能）

当“能”与静态形容词组合时，则只表主观推断。如：

（68）他那儿都听说了，这还能假呀？（编辑部的故事）

2.4.3　与“能”组合的副词对其意义选择有一定的影响。如否定副词，表示能力、许可与客观可能的“能”可受其修饰，而表示认识可能的“能”则不行。又如程度副词，表示能力的“能”可受其修饰，表示客观可能的“能”受其修饰很受限制，而表示许可和认识可能的“能”则不受其修饰。

2.4.4　语体主要表现在两个方面：一是在不同语体中，“能”所表达的意义不同。最明显的是，在正式语体中“能”只表达客观情态意义，而不表示认识情态意义。

二是“能”的不同意义、用法所占的比例在不同语体中不同。见下表（A：北京人在纽约，B：骆驼祥子，C：45 部法律文献）：

表 2.1 不同语体中“能”的各种意义所占的百分比

	总数	客观可能	许可	能力	认识	祈使	请求	未定
A	193	30.6	27.0	23.3	3.6	8.8	3.1	3.6
B	433	49.9	24.9	21.7	1.62	0	0	1.85
C	199	64.2	19.4	15.4	0	0	0	0

这说明越是正式语体，“能”的客观可能用法的频率越高；越是口语性语体，“能”的主观用法和语用推理法越常见。

2.5 小结

以前对汉语助动词的语义的研究，由于没有一个共同的理论视角，加之未注意到多义助动词的各意义之间的差别，因此不同学者得出的结果各不相同，主观任意性很大。与传统研究相比，本研究具有如下特点：第一，以情态（modality）这个普遍的语义范畴作为研究“能”的意义的基础和平台，因而具有较强的语言共性和普遍性的特点。第二，考察“能”的不同意义之间在句法形式和使用上的差别，使我们对“能”的意义的归纳具有较强的依据性。第三，研究制约“能”的意义选择的各种因素，使我们对“能”的意义的出现规律有一个大致的把握，并据此预测在某一特定条件下，它会表达哪种情态意义。实际上，传统所谓的助动词（能愿动词）大多是表示情态意义的，可以称之为“情态助动词”（modal auxiliary）。

情态现象是语言主观性（subjectivity）的一种表现，后者是国外功能语法研究的一个热点。也就是说，传统所说的助动词实际上是表达语言主观性的一种手段。[1]因此，我们不应停留在主观任意、闭门造车的封闭状态，而应该借鉴国外关于情态和主观性研究的成果，使汉语助动词的研究具有更强的理论意义和更广泛的共性。

① Lyons（1977：39）也认为，主观性概念是理解认识情态和道义情态的最重要的概念。

第三章　助动词“要”的多义性及其制约因素

本章从情态语义角度，考察助动词“要”的意义与形式之间的关系。“要”可以表达义务、意愿和认识三类情态。不同意义的“要”在形式和使用上是有区别的，表现在否定形式、时间特征、疑问形式、与助动词和副词连用以及出现频率等方面。影响“要”的意义选择的因素包括主语生命度、宾语动词、连用的助动词、共现的副词、共现的助词和语体等。

汉语的很多助动词可以表示不同的情态意义，例如“能”。不过在现代汉语中，并非所有助动词都具有多义性。如“可能”“想”“许”和“准”等，就都只表达一种情态意义（推测、意图和许可）。即使是具有多义性的助动词，大多也只表示两种情态意义。如“会”（能力和预测）、“应该”（义务、推测）和“可以”（许可、客观可能）等。相对来说，助动词“要”不但使用频繁，而且意义和用法更为复杂。如下面各例中的“要”就分别表示不同的意义：

（1）为什么一定要有翅膀才能飞？（王朔：痴人）

（2）人活着要有志气有追求。（王朔：一点正经没有）

（3）除夕要接神；大年初二要祭财神，吃元宝汤（馄饨），而且有的人要到财神庙去借纸元宝，抢烧头股香。（老舍：北京的春节）

（4）地返潮了，天要下雨。（蔡测海：远处的伐木声）

（5）“要打仗了！”这句话一经出口，早晚准会打仗。（老舍：骆驼祥子）

与汉语助动词“要”类似的英语助动词 will 的意义也很复杂，它既可以表示意愿（willingness）和意图（intention），也可以表示可预见性（predictability）和预测（prediction）。[①]（Coates 1983：169—185）如：

（6）He drinks and he'll eat anything.（意愿）

（7）I'll put them in the post today.（意图）

（8）A commotion in the hall, “That will be Celia”, said Janet.（可预见性）

（9）It will be lovely to see you.（预测）

以往对助动词的研究，主要是比较意义相近或有共同点的助动词之间的异同，很少注意到同一个助动词内部不同意义之间的区别。因此，考察助动词“要”的各种意义之间的差别及其制约因素，对于研究助动词的意义和用法具有重要作用。

本章讨论三个问题：“要”所表达的各种情态意义，不同意义之间在形式和使用上的区别，以及制约“要”的意义选择的各种因素等。

3.1 “要”的情态意义

与“能”类似，助动词“要”所表达的意义也具有根（root）情态和认识（epistemic）情态的对立。概括地说，在不同语境中它可以表达三类不同的情态意义：义务、意愿和认识等。

① 关于英语情态助动词的语义，参见 Coates（1983）和 Palmer（1979）等。

3.1.1　义务（obligation）是指外在条件使实施某种动作行为成为必要。义务属于道义（deontic）情态的一种，按道义来源和强弱程度的不同，它可以分为弱义务（必要）和强义务（狭义义务）两种。

3.1.1.1 所谓必要（necessity），是指外在的某种客观的物质条件或状况迫使主语（施事）去实施谓语动词所表示的行为动作。① 包括：

3.1.1.1.1 事物的客观规律要求施事实施某种动作行为，即一般所说的事理上需要。如：

（10）a. 过河要有船。（朱德熙 1982：64）

（11）a. 喝酒要有钱。（庞巧：酒境）

（12）a. 滑冰要穿冰鞋，雪地要着雪靴，下雨要有雨鞋，旅游要有运动鞋。（毕淑敏：婚姻鞋）

例（10a）—例（12a）虽然都不包含显性的施事，但这种用法的“要”都是针对人而言的（“有船”“有钱”当然是人有船、有钱）。因为它指的是某种普遍规律，而不限于某个人或某些人，因此施事可以不出现。这表现在两个方面：

一是这种用法的“要”都可以添加代词“我们”作主语，而意思不变。如下面的例（10b）—例（12b）与例（10a）—例（12a）意思基本相同：

（10）b. 我们过河要有船 / 过河我们要有船。

（11）b. 我们喝酒要有钱 / 喝酒我们要有钱。

（12）b. 滑冰我们要穿冰鞋，雪地我们要着雪靴，下雨我们要

① 见 Bybee（1994），转引自 Bavin（1995）。

有雨鞋，旅游我们要有运动鞋。

其中的“我们”并不是指说话人，而是一种非人称的（impersonal）虚指用法，在形式上一般不能重读。[①] 如果换用“你们”或“他们”则意思不同，后者即使不重读也是实指的。比较例（10a）与例（10c）：

（10）c. 他们过河要有船 / 过河他们要有船。

二是例（10a）—例（12a）的主语（“过河”等）既不能用“什么”替换，也不能用“怎么样”替换，只能用“干什么”等替换。这表明其中隐含着指人的施事。比较：

（13）a. * 什么要有船？

b. * 怎么样要有船？

c. 干什么要有船？

3.1.1.1.2 特定的客观环境的要求使得做某事成为必要。如：

（14）那时候我们的家道寒微，一切炊洗洒扫要和妯娌分担，母亲又多子息，更受了不少的累赘。（郭沫若：芭蕉花）

（15）“宫”门也矮，身材高大一些的，要低了头才能走进去。（汪曾祺：水母）

（16）遇上风，他们一步也不能抬，而生生的要曳着车走；风从上面砸下来，他们要把头低到胸口里去。（老舍：骆驼祥子）

3.1.1.2 强义务是指说话人或某种社会规范、规则等要求听话人或施事去实施谓语动词所表示的动作行为，也就是一般所说的道义上需要。强义务大多是主观的，因为绝大多数强义务情态都涉及说话人的介入（involvement）。按照道义力量来源的不同，强义务

① 人称代词既有实指用法，也有虚指用法。参见吕叔湘（1944/1990）。

有以下几种：

3.1.1.2.1 说话人要求听话人实施谓语动词所表示的动作行为。如：

（17）可是你要正经在这学习呢，你算学生。（北京人在纽约）

3.1.1.2.2 某种权威（authority）要求主语实施某种动作行为，例如上级对下级、大人对小孩、教师对学生等。如：

（18）各级领导都要亲自抓大案要案，组织得力干部承办案件。（最高人民检察院、最高人民法院关于严厉打击走私犯罪活动的通知）

3.1.1.2.3 某种社会规范、规则或风俗习惯等要求施事实施某种动作行为。如：

（19）在农村首先要把人的关系搞好，搞好了全好办呢。（冯骥才：一百个人的十年）

必要和义务虽然都包含迫使施事实施某种动作行为的强制性条件，但有两点不同：一是必要通常涉及某种物质的条件，而义务则指某种外在的社会压力或力量；二是义务通常涉及说话人的参与，因而带有强烈的主观性，而必要则基本是指客观环境或条件，因此主观性要弱得多。

3.1.2　意愿（volition）是指主语（施事）具有实施谓语动词所表示的动作行为的愿望或企图。如：

（20）我来通知你丈夫，告诉他我要娶你。（北京人在纽约）

（21）两位女客急于要同时走，所以得另雇一辆车。（老舍：骆驼祥子）

值得注意的是，助动词“要”的谓词宾语所表示的未然事件是以主句动词所表示的时间为参照点，而不是以说话时间为参照点。二者一般情况下是重合的，但不必然如此。这一点与表示意愿的“想”相同。如：

（22）我五年前就想辞了他！（老舍：正红旗下）

（23）儿媳四大娘去年就要养洋种的蚕。（茅盾：春蚕）

3.1.3　认识（epistemic）是指说话人对句子所表达的命题的一种主观推测，其核心功能是表达说话人对命题真值的相信（commitment）程度（Choi 1995）。“要”所表达的认识意义包括：知识义、认识可能和预测等。

3.1.3.1“要”的知识义是指，句子所表示的命题指称一个没有具体时空、周而复始发生的事件，即众所周知的常识。如：

（24）北方人除夕要吃饺子。

（25）他不晓得现在骆驼有什么行市，只听说过在老年间，没有火车的时候，一条骆驼要值一个大宝。（老舍：骆驼祥子）

3.1.3.2 所谓认识可能是指说话人主观推测谓语动词所表示的事件或状态可能发生或出现，即句子所表达的命题可能为真，也就是一般所说的“可能”义。如：

（26）天好像是要下雨，但始终没有下来。（王小波：白银时代）

（27）二爷，我看哪，大清国要完！（老舍：茶馆）

用于比较句中的“要”，吕叔湘（1980：521）认为表示估计。而所谓“估计”实际上属于认识情态。因此，比较句中的“要”也可归为认识可能。这种用法的“要”都可以用助动词“可能”替换。如：

（28）a. 他要比我走得快些→他可能比我走得快些

b. 他比我要走得快些→他比我可能走得快些

c. 他比我走得要快些→他比我走得可能快些

当然，能替换并不说明它们在语义上就完全相同。

3.1.3.3 预测是指说话人推测句子所表示的事件或状态在将来

某个时间发生或实现，也就是一般所说的“将要”义。如：

（29）太太不久就要生小孩，高妈一个人也太忙点。（老舍：骆驼祥子）

（30）你们快要结婚了吧。（北京人在纽约）

吕叔湘（1980：521）把表预测的“要”解释为“将要”，很多人把它当作将来时态。这是不符合事实的，因为这种“要”也可以用于过去，并不一定指向将来时间。如：

（31）昨天傍晚，雨后夕阳快要西下了，家里闷热得透不过气来。（赵清阁：白鹭洲钓鱼）

以往对助动词的研究，由于没有从情态这个普遍的语义角度考虑问题，因而对“要”的意义的归纳主观任意性很大。从上面的分析可以看出，“要”的意义虽然很复杂，但可以归纳为三种情态类型。而且不同类型的“要”在形式和使用上都存在各种差别，这是区分不同意义的“要”的根据所在。

3.2 不同意义的“要”之间的区别

3.2.1 表必要的“要”可以换成“需要”，其否定多用“不需要 / 不必”。比较：

（32）过河 * 不要 / 不需要 / 不必有船。

表义务的“要”的否定形式，吕叔湘（1980：520）认为是“不要”。而“不要”一般用来表示禁止或劝阻，因此所谓“不要VP”在语义上实际上相当于“要不 VP”。这与“不应该 VP”在语义上约等于“应该不 VP”一样。如：

（33）a. 不要浪费水＝［要［不浪费水］］

b. 不应该浪费水=［应该［不浪费水］］

二者的差别在于，作为义务情态的表达方式的“要不 VP”在结构上不成立，而“应该不 VP”可以成立。这是由于“要不 VP”中的“要”表示假设的意义，而“应该不 VP”中的“应该”仍然表示义务义。因此我们认为，“不要 + VP”实际上是“要 + 不 VP”经过否定词提升的结果。也就是说，“不要 VP”并不是对“要 VP”的否定，而是对 VP 的否定，否则我们就无法解释“不要”中“要”的语义。如：

（34）你要实话实说，不要耍滑头，那样对你不利。（王朔：枉然不供）

从模态逻辑的角度看，义务属于一种必要模态，那么其否定就应该是必要的否定——不必要，因此表义务的“要”的否定形式不应是“不要”，而是“不必 / 不用”等。比较：

（35）考试不及格的要重修，及格的就 * 不要 / 不必 / 不用了。

表意愿的“要”的否定，一般多用“不想”，但也有人用“不要”，特别是港台腔。如：

（36）中国是决心要收回香港主权的，但并不想改变香港作为一个自由港和国际商业中心的地位。（萧诗美：邓小平智胜“铁娘子”）

（37）你不要活命，我们还要活命呢。（北京人在纽约）

在电视剧剧本《北京人在纽约》中，表否定的意愿的“不想”有 35 例，而“不要”则只有 6 例。

表必要和强义务的“要”都不受“没”否定，而表意愿的“要”可以受“没”否定。比较：

（38）a. 以前过河 * 没要 /* 不要 / 不必有船。（必要）

b.“文革”期间学生 * 没要 /* 不要 / 不用以学习为主。（义务）

c. 再说，我没要和他定婚，是他哀告我的，现在——（老舍：二马）（意愿）

表认识义的“要”不受“不 / 没”否定，其否定形式是“不会 / 不可能”。比较：

（39）南方人除夕 * 不要 / 不会 / 不可能吃饺子。（知识）

（40）今天 * 不 /* 没要 / 不会 / 不可能下雨。（认识可能）

（41）二爷，我看哪，大清国 * 不要 / 不会 / 不可能完！（预测）

在反问句中，这种“要”似乎可以用“不”否定，实际上这是一种语用否定，而非语义否定。这种用法的“不要”实际上是“不是要”的紧缩。如：

（42）人家不要笑话我是懒婆娘吗？（张洁：漫长的路）

→人家不是要笑话我是懒婆娘吗？

用于比较句、表示估计的“要”的否定也是“不会”。不过与肯定式不同，用于比较句、表示估计的“不会”只能位于介词“比”之前。比较：

（43）a. 他要比我走得快些→他不会比我走得快些

b. 他比我要走得快些→ * 他比我不会走得快些

c. 他比我走得要快些→？他比我走得不会快些

3.2.2 表必要的“要”可以与过去时间词语共现，而表义务的“要”则不行，这一点与“应该”不同。比较：

（44）a. 以前过河要有船。

b. * 你昨天要早点回来。

c. 你昨天应该早点回来。

二者都不能与“了$_2$”共现，这与“应该”也不同。比较：

（45）a. * 过河要有船了。

b. * 你要早点回来了。

c. 我这把年纪应该考虑结婚了。（王朔：痴人）

不过表否定义务（禁止、劝阻）的“不要”可以与“了$_2$”共现。如：

（46）你不要胡思乱想了。（北京人在纽约）

表意愿的“要”可以与过去时间词语搭配，也可以与“了$_2$”共现。如：

（47）a. 他昨天就要回家。

b. 老板，我们要下班了。（北京人在纽约）

“要”的认识义中，表常识和认识可能的可以与过去时间词搭配，而表预测的则不行。比较：

（48）a. 过去每年农历七月十五要给死人烧纸钱。（常识）

b. 第二天早晨，天灰蒙蒙的，要下雨。（可能）

c. * 他昨天要回来了。（预测）

而它们与“了$_2$”的共现则相反，只有表预测的“要”才能与“了$_2$”共现。比较：

（49）a. * 水在零度时要结冰了。（常识）

b. 会议大概要到月底才能结束（* 了）。（吕叔湘 1980：592）（可能）

c. 他快要毕业了。（同上，593）（预测）

不同意义的“要”的时间特征可归纳如下：

表 3.1　不同意义的“要”的时间特征

	必要	义务	意愿	知识	认识	预测
过去时间	+	—	+	+	+	—
“了$_2$”	—	—	+	—	—	+

3.2.3　表义务和意愿的“要”可以用“要不要”提问，而表认识义的“要”则只能用“是不是要”提问。比较：

（50）借东西要不要/是不是要还？（义务）

（51）你要不要/是不是要吃点东西？（意愿）

（52）水在零度时 *要不要/是不是要结冰？（常识）

（53）天 *要不要/是不是要下雨？（可能）

（54）麦子 *要不要/是不是要熟了？（预测）

不过，这两种疑问形式是有差别的。“要不要 VP”的焦点在 VP 上，而“是不是要 VP”的焦点则在“要 VP”上，而不仅仅是 VP。因此，前者仅询问是否有实施 VP 的意愿或必要，而后者则是问某一事件的原因或目的是否是“要 VP”。比较：

（55）a. 晚上来，要不要夜审？（朱春雨：陪乐）

b. 晚上来，是不是要夜审？

前者问晚上来是否有夜审的必要，而后者则问晚上来的目的是否是要夜审。比较：

（56）a. 你们是不是要开我的批斗会？（王小波：寻找无双）

b. ？你们要不要开我的批斗会？

3.2.4　不同意义的“要”可以与不同的助动词和副词连用，并且连用的顺序也不同。表意愿的“要”可以与“想、打算”等连用，而表义务和认识的“要”则不行。比较：

（57）a. 他想/打算要来北京参观。（意愿）

b. * 过河想/打算要有船。（必要）

c. * 明天想/打算要下雨。（认识）

值得注意的是，“想要”中的“要”表示意愿，而“要想”中的“要”则表示假设，这种“要”可以换成“如果”。比较：

（58）a. 我要想当司长也不是不可能。（王朔：过把瘾就死）

b. 我想要当司长也不是不可能。

c. 我如果想当司长也不是不可能。

表认识可能的“要”可前加助动词“会”，而表预测的“要”则不行。比较：

（59）a. 看样子会要下雨。（可能）

b. * 他会要毕业了。（预测）

再看副词。表义务的“要”可以与语气副词“必须”等搭配，而表认识的“要”则不行。这是因为“必须”本身就是表达义务或指令语气。比较：

（60）a. 过河必须要有船。（必要）

b. * 蛮干是必须要失败的。（认识）

又如副词“刚”只与表意愿的“要”共现，副词“快”只与表预测的“要”共现。比较：

（61）a. * 过河刚要/快要有船。（必要）

b. 看样子 * 刚要/? 快要下雨。（可能）

（62）祥子刚要走，有人敲门。（老舍：骆驼祥子）（意愿）

（63）一炒炒米，就让人觉得，快要过年了。（汪曾祺：故乡的食物）（预测）

3.2.5　不同意义的“要”的使用频率不同。我们统计老舍小说《骆驼祥子》和电视剧剧本《北京人在纽约》（共 20.8 万字）中全部 347 个“要”发现，表示意愿、义务和认识义的“要”分别占 57%、29% 和 15%。这说明在日常语言中，“要”最常用的是意愿义，其次是义务义，认识义使用频率最低。

3.3　影响“要”的意义选择的各种因素

3.3.1　主语的语义类型对“要”的意义有很强的制约。这包括两个方面：人称和生命度。主语的人称在形式上指三身代词，在语义上则指称说话人、听话人和说听双方之外的第三者。比较：

（64）a. <u>我</u>要喝水。（意愿）

b. <u>你</u>要喝水。（义务）

c. <u>他</u>要喝水。（意愿 / 义务）

我们分别统计了 59 万字的剧本语料中主语为“我”“你”和“他”的“要”的意义的分布，结果如下：

表 3.2　不同人称的“要”的意义分布

	总数	义务	意愿	认识
我要	92	3	80	9
你要	60	30	28	2
他要	14	1	13	0

这说明，主语为第一人称的“要”绝大多数表示意愿，主语为第二人称的“要”多表示义务（表意愿多为疑问句），主语为第三

人称的“要”则多表达意愿。

再看主语的生命度。有生名词作主语时，“要”可以表达意愿，无生名词作主语则不行。比较：

（65）a. 天要$_1$下雨，娘要$_2$改嫁，由他去吧！

其中的“要$_2$”表示意愿，而“要$_1$”则表示推测，前者可以用“想”替换，后者则不行。

（65）b. 娘要改嫁→娘想改嫁

c. 天要下雨→ * 天想下雨

这是因为，只有有生事物（特别是人）才有意识，无生事物没有意识，因而只有前者才可能具有意志和愿望。主语名词的生命度越高，“要”的意愿义就越典型，就越容易理解为意愿；反之，名词的生命度越低，“要”的意愿性就越不典型，越不容易理解为意愿，因而也就越接近于必要或可能。比较：

（66）a. 我要给你个机会，教你学好。（老舍：龙须沟）（意愿）

（67）a. 黄良子，孩子要吃奶啦！（萧红：桥）（需要）

（68）a. 小花狗要追随大哥和二哥去疯跑。（张昆华：祖母的胸怀）（可能 / 将要）

（69）a. 葡萄一年不知道要喝多少水，别的果树都不这样。（汪曾祺：葡萄月令）（必要）

这几例主语的生命度逐渐降低，“要”的意愿义的典型性也随之下降。例（66a）“要”是典型的意愿用法，而例（69a）“要”则只能理解为必要，而不可能是意愿。比较：

（66）b. 我要给你个机会→我想给你个机会。

（67）b. 孩子要吃奶啦→？孩子想吃奶啦。

（68）b. 小花狗要追随大哥和二哥去疯跑→？？小花狗想追随

大哥和二哥去疯跑。

（69）b. 葡萄一年不知道要喝多少水→＊葡萄一年不知道想喝多少水。

英语助动词 will 在这一点上与汉语“要”类似。Coates（1983：171—181）指出，典型的表意愿（willingness）的 will 的主语是有生的；当主语为无生名词（如存在性主语）时，will 与认识义（即预测，prediction）有高度的相关性。如：

（70）I mean there'll be his mother and grandad so we won't be able to do anything exciting.（Coates 1983：181）

3.3.2　宾语动词的自主和非自主的不同对“要”的意义也有影响。自主动词表示“有意识或有心的动作行为”，受其影响“要”可以表示意愿；而非自主动词表示“无意识或无心的动作行为”，因此“要”不能表示意愿。比较：

（71）a. 他要睡了→他想/想要/将要睡了（意愿/预测）

b. 他要醒了→他＊想/＊想要/将要醒了（预测）

再比较自主的“饿、饿死”与非自主的“挨饿”：

（72）a. 妈妈大概是认为我在外面玩疯了，决心要饿我一顿。（王小波：绿毛水怪）（意愿）

b. 莫非老天爷真要饿死咱们吗？（老舍：四世同堂）（意愿）

c. 你嫁了我要挨饿的。（钱钟书：围城）（预测）

形容词大多是非自主的，因此其后的“要”也只表必要或认识，而不表意愿。如：

（73）“无声细下飞碎雪，有骨已剁觜春葱”等句，说鱼要活，刀要快，手法要好，将鱼刺剁碎，洒上葱花，描写得很详细。（俞平伯：略谈杭州北京的饮食）（必要）

（74）这可没见过，怕是要坏。（礼平：小站的黄昏）（预测）

3.3.3　与意愿动词“想/打算”等连用时，“要”只表达意愿义。如：

（75）想要问句好，没说出来。（老舍：骆驼祥子）

（76）我真没打算要学谁包括能学的。（王朔：修改后发表）

与可能动词“会$_2$”连用时，“要”多表达认识义，而非义务义。如：

（77）悲剧，将来我们一定会要闹出悲剧的。（谢冰莹：穷与爱的悲剧）

（78）你走了，他也会要/会想走。

受必要动词“得（děi）”修饰时，“要”只表示义务。如：

（79）不过就是这点事也得要看明白了，看看妨碍别人与否。（老舍：骆驼祥子）

3.3.4　副词“快/将”等表示最近将来，受其修饰的“要”只表达预测义。比较：

（80）快要/*快想冲到城头的士兵不知所措，扑通扑通的往下掉。（冯向光：三晋春秋）

（81）你将要/*将想尝试一种美妙无比的生活——你会喜欢的。（王朔：千万别把我当人）

副词“须/必须”表示强制性语气，受其修饰的“要”只表达义务义。如：

（82）他必须要/*必须想和群众共命运，同感情。（张贤亮：绿化树）

（83）他警告着自己，须要/*须想小心；可是他又要大胆。（老舍：骆驼祥子）

副词“一定”和“肯定”都表示确定性语气，但前者倾向于自我意志，后者倾向于推测，受它们修饰的“要”分别倾向于表示义务 / 意愿和推测 / 意愿。比较：

（84）水在零度时肯定要 /* 一定要结冰。（推测）

（85）a. 孩子一定要考大学。（义务 / 意愿）

b. 孩子肯定要考大学。（推测 / 意愿）

下面是对老舍小说（175 万字）和王朔小说（139 万字）的统计结果：

表 3.3 “一定要”中的“要”的意义分布

	总计	义务	意愿	认识
老舍小说	44	16	26	2
王朔小说	87	63	20	4

3.3.5 句末带有助词“了$_2$”时，“要”倾向于表示预测。比较：

（86）a. 他要回家。（意愿）

b. 他要回家了。（预测）

（87）她一定要错怪我表姐无礼了。（钱钟书：围城）

这种时体标记对义务情态的影响在别的语言中也有表现。如 Bavin（1995）发现，在非洲西尼罗河 Lango 语和 Acholi 语中，当体标记跟在义务标记之后时，后者就解释为认识义。

3.3.6 语体对“要”的影响表现在两个方面：一是不同语体中“要”的使用频率不同。请看下面的统计表：

表 3.4　不同语体中“要”的使用频率

	剧本	老舍小说	散文	法规
字数（万字）	58.5	175.6	327.8	104.5
出现次数	1489	3675	6253	348
出现频率	25	20	19	3

这说明，随着语体正式程度的增加，“要”的出现频率逐渐降低。“要”的出现频率在口语中最高，在法规等正式语体中最低，后者只相当于前者的 1/8。

二是不同语体中“要”的各种意义所占的比例不同。在口语中，它可以表达意愿、义务和认识等意义，而在法律公文等正式语体中则只表达义务义。

表 3.5　不同语体中“要”的意义分布

	字数（万字）	总数	义务	意愿	认识
骆驼祥子	13.4	156	20	97	39
北京人在纽约	7.1	191	81	95	15
法律公文	104.5	201	200	0	1

这说明，在叙述文中“要”的意愿用法最常见（约 62%），义务用法最不常见（约 25%）；在对话中，义务和意愿用法都很常见（约 42% 和 50%），认识用法则不常用（只占 7%）；在书面正式文本中，“要”则几乎都是表达义务意义。

3.4 小结

与其他助动词相比，“要”的意义是最复杂的，因而对它的考察就更重要，更有意义。同时，“要”还具有其他助动词所没有的类似时体意义（预测）的用法。这种义务和意愿标记向将来时标记的虚化在许多语言中都有反映（Heine 2002），例如英语的 will 与“要”就很相似。

第四章　意愿与意图——助动词“要”与“想”比较研究

本章讨论助动词“要”与“想”的语义差异及其形式表现。从情态语义的角度看，助动词“想”表示意愿（willingness）情态，而助动词“要”则表示意图（intention）情态。二者在程度、否定和独立性等方面的差别可以从它们在语义上的这种不同得到解释。

4.1 “要”与“想”

4.1.1 “要”是现代汉语中一个常用的助动词。从情态的角度看，助动词“要”可以表达三类情态意义，即义务、意愿和认识等。如：

（1）碰坏了车，自然要赔钱。（老舍：骆驼祥子）

（2）两位女客急于要同时走，所以得另雇一辆车。（同上）

（3）收生婆又来到，给祥子一点暗示，恐怕要难产。（同上）

为叙述方便，我们把它们分别称为“要$_1$”“要$_2$”和“要$_3$”。[①] 本章只讨论表示意愿意义的“要$_2$”，除特别说明外，我们所说的“要”只限于指“要$_2$”。

① 马庆株（1988）根据连用顺序的不同，把能愿动词（助动词）分为六个小类，并把表示必要和意愿的“要”分别称为“要$_1$”和“要$_2$”。

4.1.2　在现代汉语中，除了“要”外，还有一个常用的助动词也表示意愿的意义，那就是“想”。如：

（4）刚能挣扎着立起来，他想出去看看。（老舍：骆驼祥子）

在很多情况下，二者可以相互替换而意思似乎没有什么不同。如：

（5）a. 他要学游泳→他想学游泳

b. 我有话要对他讲→我有话想对他讲

c. 你要看吗？→你想看吗？

那么同为表示意愿的助动词，“要”和“想”有什么不同呢？这种不同说明了什么呢？这是本章要回答的问题。

4.1.3　本章打算从情态语义的角度，比较助动词“要”与“想”之间在句法和语义上的差别，最后简要讨论有关汉语意愿情态表达的一些问题。

4.2　程度

4.2.1　助动词“要”与“想”之间在句法形式上存在很多差别。首先，它们在程度特征上明显不同。这表现在“想”可以自由地受程度副词的修饰，而“要”则不能受任何程度副词的修饰。比较：

（6）a. 他很/最/太/非常/十分/特别想学游泳。

b. * 他很/最/太/非常/十分/特别要学游泳。

（7）a. 原来如此，我有点想笑，但丝毫笑不出来。（陆颖墨：锚地）

b. * 原来如此，我有点要笑，但丝毫笑不出来。

（8）a. 他极想和谁谈一谈。（老舍：四世同堂）

b. * 他极要和谁谈一谈。

不过，不同程度副词修饰助动词“想”的频率大不相同。我们统计了 4000 多万字的现当代小说语料，结果如下：

表 4.1　受程度副词修饰的助动词“想”

	总数	很	非常	极	特别	太	有点	十分
数　量	711	541	49	39	36	33	9	4
百分比	100	76	6.9	5.5	5.1	4.6	1.3	0.6

4.2.2　数量是一种离散的量，属于典型的量范畴。程度则是一种连续的量，因此也可以看作广义的量范畴。它们之间的差别在于，只有连续的或模糊的量才能受程度成分的修饰，而离散的或具体的量则不行。比较：

（9）a. 他很吃了几碗。

b. * 他很吃了三碗。

（10）a. 主任还很夸奖了几句。（邓友梅：别了，濑户内海）

b. * 主任还很夸奖了四句。

因此按照能否受程度副词的修饰，我们可以把量分为两类，即离散量和连续量。二者的差别反映在它们在量级上的位置不同，连续量在量级上占据一段（即量幅），而离散量则只占据一个独立的点（即量点）。作为助动词，“想”可以受程度副词修饰，而“要”不能受程度副词修饰。这说明，“想”所表示的意愿是一个连续的量，而“要”所表达的意愿则是一个离散的量。

值得注意的是，“不想”也可以受程度副词的修饰。因此它也应该属于连续的量，而非离散的量。如：

（11）这个谜好像是为我而出的，但我很不想进入这个谜底。

（王小波：白银时代）

（12）她极不想动弹，身体的慵懒也不想做出抗拒的举止。（赵琪：告别花都）

4.2.3　与“要”不同，由助动词“想”和“要”复合而成的“想要”则可以受程度副词的修饰。如：

（13）但是今天她和往日不同，他很想要思索一下；愣在那里去想，又怪僵得慌；他没主意，把车拉了进去。（老舍：骆驼祥子）

（14）她要我谈谈自己的经历，特别想要知道我为何老不结婚。（平浩：银杏林里的决斗）

这是因为，“想要VP”的结构层次为“［想［要VP］］”，而“想”是可以受程度副词修饰的，因而“想要VP”自然也可以受程度副词的修饰。也就是说，程度副词直接修饰的是助动词“想”，而“要”则并不受影响。这与“会$_2$”和“可能会”之间的差别类似。

与“想要”不同，“要想”则不能受程度副词的修饰。比较：

（15）a. 因此我就很想要说些话。（余华：命中注定）

b. * 因此我就很要想说些话。

与“想要”类似，“要想VP”的结构层次为“［要［想VP］］”，由于“要”不能受程度副词的修饰，因而“要想VP”自然也就不能受程度副词的修饰。

上述差别说明，助动词之间虽然能够连用，但它们之间的关系并不是平行的，而是有层次的。[①]

① 正如马庆株（1988）所说，由助动词连用（连续连用）所构成的“复杂能愿结构的层次都是a—（b—c）”。

4.3　否定

4.3.1　在否定特征上，助动词“要”与“想”也存在很大的差别。这表现在两个方面：一是“想”可以受否定副词“不”和“没”的否定；而表示意愿的“要”则一般不用“不”否定，其否定一般不说“不要”，而用“不想”或“不愿意”（吕叔湘 1980：520）。① 比较：

（16）a. 他不想打架，虽然不怕打架。（老舍：骆驼祥子）

b. * 他不要打架，虽然不怕打架。

（17）a. 秀梅，我并不想勉强郭小姐。（北京人在纽约）

b. ？秀梅，我并不要勉强郭小姐。

不过，“要”可以受否定副词“没”的否定。如：

（18）我没要来做这个穷营业呀！（老舍：二马）

我们分别统计了老舍小说、王朔小说和部分剧本等总计 370 万字的语料中表示否定的意愿的“不想”和“不要”的出现次数，结果如下：

① 本章所说的“否定”除特别说明外，都是指语义否定（逻辑否定），而不包括语用否定。邓守信（2002）称之为“内部否定”和“外部否定”。助动词“要”的语用否定为“不是要”。关于语用否定，参考沈家煊（1993）。

表 4.2 “不想”与“不要”的使用频率

	A	B	C	总计
不想＋VP	200	288	60	548
不要＋VP	8	8	8	24

这说明，作为意愿的否定，“不想”的出现频率要远远高于“不要”（前者是后者的25倍）。这是因为，大部分“要”的否定式为“不想”。因此，作为否定式的“不想”并不都是助动词“想”的否定，它还包括助动词“要”的否定。如：

（19）那女人死活要和大钱好，不想跟他当小商贩的丈夫，说明她有眼光，看重知识分子，是历史在进步。（方方：定数）

（20）我并不想尝尝恋爱的滋味，我要追求的是点——诗意。（老舍：离婚）

比较：

（21）a. 但它可以分成你真正要写的小说和你不想写的小说。（王小波：白银时代）

b. ？但它可以分成你真正要写的小说和你不要写的小说。

c. *但它可以分成你真正想写的小说和你不要写的小说。

不过，助动词“要”能否受“不”否定与主语的人称有一定的关系。主语为第一人称的“不要”的可接受性要高于其他人称的主语，特别是第二人称主语。比较：

（22）a. 我不要喝水＝我不想喝水（意愿）

b. 你不要喝水≠你不想喝水（许可）

在表 4.2 所示的 24 例“不要”中，主语的人称分布如下[①]：

表 4.3 “不要”的主语的人称

	总数	第一	第二	第三
数　量	24	17	2	5
百分比	100%	71%	8%	21%

这说明，表示否定意愿的“不要”大多用于第一人称主语。从语用的角度看，就是指说话人表达自己的意愿（不想做某事）。上表中的 2 例第二人称主语的“不要”，一个用于对比，另一个则为正反问句。

（23）你不要活命，我们还要活命呢。（北京人在纽约）

（24）说话找话，八爷！你到底要立妾不要？（老舍：老张的哲学）

可见，第二人称主语的“不要”的使用最不自由。实际上，主语为第二人称的“要”用于表达意愿本身都不常见，更不用说用“不要”来作为它的否定式了。

4.3.2　助动词“要”与“想”在否定特征上的第二个不同是，后者可以带否定性的谓词宾语，而前者则不太能带否定宾语。比较：

（25）a. 想不去还不行。

b. * 要不去还不行。（意愿）

① 这里所说的第一和第二人称分别指第一人称代词和第二人称代词，而第三人称则不限于人称代词，它还包括充当主语的普通名词。因为从语词的所指角度看，普通名词与第三人称代词一样，都是指称说话人和听话人之外的第三者，因而与第一人称和第二人称是相对的。

（26）a. 我早就想不再教书。（老舍：蛤藻集序）

b. ？我早就要不再教书。

我们统计了老舍小说和王朔小说，发现“想 + 不 VP”有 24 例，而“要 + 不 VP”则只有 1 例。即[①]：

（27）什么？不念了？你要不念就不念！（老舍：老张的哲学）

4.3.3　在否定特征上，“要想”与“想要”之间的差别与“想”与“要”之间的差别不同。一方面，“要”不能带否定的宾语，而“想要”“要想”和“想”一样则可以带否定宾语。如：

（28）a. 要想不迟到就得早起→想要不迟到就得早起

b. 要想不花钱也行→想要不花钱也行

另一方面，“要想”与“想”不一样，它不能受“不”和“没”的否定。“想要”与“要”也不一样，它可以受“不”和“没”的否定。如：

（29）a. 我现在也不想要入团了，只要平这个冤。（方方：一波三折）

b. * 我现在也不要想入团了，只要平这个冤。

这是因为，“要想”与“想要”中的“要”所表达的意义和作用不同，前者倾向于表示假设，而非意愿。这表现在：第一，“要想”所在的句子都是表假设关系的复句，因此其中的“要”和“想”可以省略，而整句意义基本不变。如：

（30）a. 要想不迟到就得早起→想不迟到就得早起→要不迟到就得早起

---

① 这个“要”是表示意愿的意义，而不是起假设连词的作用。比较：

a. 你要不念就不念→你想不念就不念

b. 你要不念就不念→ * 你如果不念就不念

c. 你要不念就不念→ * 你要是不念就不念

b. 要想不花钱也行→想不花钱也行→要不花钱也行

第二，“要想”中的“要”基本上都可以用假设连词（“如果”“要是”等）替换。如：

（31）a. 要想不迟到就得早起→如果想不迟到就得早起→要是想不迟到就得早起

b. 要想不花钱也行→如果想不花钱也行→要是想不花钱也行

因此我们认为，“想要”中的“要”仍然属于表示意愿的助动词（即“要$_2$”），而“要想”中的“要”则基本虚化为表示假设关系的连词。这说明，助动词的不同连用顺序对助动词的性质和意义是有制约作用的。

上面的论述可归纳如下：

表 4.4 “想 / 要 / 想要 / 要想”的否定形式

	想	要	想要	要想
“不 VP”	+	—	+	—
“没 VP”	+	+	+	—
否定宾语	+	—	+	+

4.4 自由程度

4.4.1 在自由程度上，助动词“要”与“想”也不同。这表现在两个方面：一是能否单独回答问题。“想”可以单独回答问题；而正如吕叔湘（1980：520）所指出的，“要”则一般不能单独回答问题。对由“要”构成的是非问句，一般不直接用“要 / 不要”来回答，肯定回答用“要 VP”，否定回答则用“不”等。比较：

（32）Q：你们想玩吗？（王朔：顽主）

A_1：想玩 / 不想玩。　　　　A_2：想 / 不想。

（33）Q：你要走吗？（北京人在纽约）

A_1：要走 /* 不要走。　　　　A_2：* 要 / 不要。

对“要”的否定回答似乎也不大用“不想”或“不愿意”，而多用“不”。如：

（34）Q：你要回家吗？

A_1：？不想 / 不愿意。　　　　A_2：不。

二是由“想”构成的述宾结构“想 VN”重复出现时，谓词宾语 VN 可以部分省略（即省略 N），也可以完全省略。而由“要”构成的述宾结构“要 VN”重复出现时，则只能省略宾语 VN 里的 N，而不能完全省略整个谓词宾语 VN。比较：

（35）a. 我想做老板，他也想做老板。

b. 我想做老板，他也想做。

c. 我想做老板，他也想。

（36）a. 我要做老板，他也要做老板。

b. 我要做老板，他也要做。

c. * 我要做老板，他也要。

（37）a. 他想考研究生，你也想吗？

b. * 他要考研究生，你也要吗？

c. 他要考研究生，你也要考吗？

4.4.2　在自由程度上，助动词“想要”与“想”和“要”既有相同点，也有不同点。与“要”相同，“想要”也不能单独用来回答问题，由它构成的是非问句，只能用“想要 VP”回答，这一点与“想”不同。比较：

（38）Q：你想要回家吗？

A_1：想要回家。　　　A_2：* 想要。　　　　A_3：？想。

（39）Q：你想要走吗？

A_1：想要走。　　　A_2：* 想要。　　　　A_3：？想。

与“想”和“要”不同的是，由“想要”构成的述宾结构“想要 VN”重复出现时，只能省略谓词宾语里的宾语名词 N，而不能把整个宾语 VN 完全省略。比较：

（40）a. 我想要买车，他也想要买车。

b. 我想要买车，他也想要买。

c. * 我想要买车，他也想要。

d. 我想要买车，他也想买。

e. ？我想要买车，他也要买。

f. ？我想要买车，他也想。

g. * 我想要买车，他也要。

（41）a. 他想要考研究生，你也想要考吗？

b. * 他想要考研究生，你也想要吗？

c. 他想要考研究生，你也想考吗？

d. ？他想要考研究生，你也要考吗？

这也说明，复合助动词“想要”与“想”和“要”还不完全相同，虽然它是由后两者构成的。

4.5 意愿与意图

4.5.1 从情态语义的角度说，意志（volition）情态包括两类，即意愿（willingness）和意图（intention）（Coates 1983：169—177）。二者有两个相同之处：一是它们都包含一个描述主语的心理状态的情态陈述（modal prediction），即主句。如：

情态陈述　　　主要陈述

我想回家＝[我想[我回家]]

我要回家＝[我要[我回家]]

二是主要陈述（main prediction，即宾语），都指称一个将来的事件。也就是说，谓词宾语所表示的事件在主句动词所表示的时间还没有发生。即：我想回家——在我有回家的意愿的时候，我回家这件事还没有发生；我要回家——在我打算回家的时候，我回家这件事还没有发生。

4.5.2 助动词“想”和“要”在语义上的差别就在于，前者表示意愿，而后者则表示意图。这种不同在形式上的表现就是“要”可以充当动词“计划”和“打算”的宾语；而“想”则一般不作“计划”和“打算”的宾语。比较：

（42）a. 明天计划要回家。

b. * 明天计划想回家。

（43）a. 我本来打算要来。

b. ？我本来打算想来。

我们统计了2000多万字的语料，发现“打算要VP”有12例，而“打算想”则一例也没有。

动词“计划”和“打算”是表示事先想好将要做某事。[①] 也就是说，它们在语义上属于典型的意图动词。因而只有表示意图的助动词“要”才能作它们的宾语，而仅仅表示意愿的助动词“想”则不能。

4.5.3　在语义上，“想”与“要”所体现的意愿与意图之间有两个主要的差别：第一、语义重心的位置不同。意愿的重点在于表达主语具有某种愿望，即主语的心理状态（state of mind），因此其重心在情态陈述本身，也就是助动词所在的主句上。而意图的重点则在于表达主语所要实施的动作行为本身，即某个将来的事件，因此其重心在主要陈述本身，也就是助动词所修饰的宾语小句上。比较：

（44）a. 我想吃什么就吃什么。

b. ？我要吃什么就吃什么。

（45）a. 虽然我不想说，但是我还是要说。

b. * 虽然我不要说，但是我还是想说。

另外，“想 + VP”中的主要动词 VP 和助动词“想”都可以被标记为焦点成分。“要 + VP”中只有主要动词 VP 可以被标记为焦点成分，助动词“要”则不能成为焦点。比较（画线部分为焦点）：

（46）a. 我只是想看，没说想买。

b. 我只是想看，没说一定会看。

例（46a）中前一分句的“看”与后一分句的“买”构成对比，因此两个分句的焦点（对比焦点）应该是这两个主要动词。而在例（46b）中构成对比的则是“想”与“一定会”，因此两个分句的焦

---

①《现代汉语词典》（第 6 版）对名词“计划”的解释是“工作或行动以前预先拟定的具体内容和步骤”，动词“计划”则是“做计划”（第 611 页）。那么作为谓宾动词的“计划”就是指“工作或行动以前预先拟定具体内容和步骤”。

点应该是这两个助动词。比较例（47）与例（46）：

（47）a. 我只是要看看，没说要买。

b. * 我只是要看看，没说一定会看。

例（47a）作为对比焦点的是主要动词“看”与“买”，句子成立；而例（47b）中作为对比焦点的则是助动词“要”和“一定会”，句子不成立。

当然，意图（intention）本身也包含着意愿（willingness），因为企图做某事本身就预设着愿意做这件事。因此，“要 VP”不但包含“想 VP”，还包括“打算 VP”。这是“要”与“想”的根本差别所在。但反过来不能说，愿意做某事就预设着打算做这件事。例如：

（48）a. 我要考大学，因为我想考大学。

b. * 我想考大学，因为我要考大学。

（49）a. 我想得到的就一定要得到。（王朔：谁比谁傻多少）

b. * 我要得到的就一定想得到。

第二，是否带有预测的意义。助动词“想”只是客观地陈述主语（施事）具有实施宾语动词所表示的动作行为的意愿、意志，至于他 / 她在某个参照时间（可以与说话时间相同，也可以不同）之后是否会实施这个动作行为则没有说明。如“我想回家”只表示主语“我”具有“回家”的意愿和想法，至于“我”是否真的会回家则不清楚。因此可以说：①

（50）我想回家，也就想想而已。

而助动词“要”则不但表明主语（施事）具有实施宾语动词所

① 这似乎说明，助动词“想”的一些用法与非助动词“想”仍有一些瓜葛。

表示的动作行为的意愿和想法，而且还表明他/她计划或打算在未来的某个时间将会实施这个动作行为。也就是说，“要”不但表达意愿，还带有预测的意义。如“我要回家”表示“我”不但具有回家的意愿和想法，而且确实打算将要回家。如：

（51）* 我要回家，也就想想而已。

在例（51）中，前一分句表明了主语“我”打算将要回家，而后一分句则又否定了这一含义，因此句子不成立。又如：

（52）a. 我想吃就吃。

b. ？我要吃就吃。

（53）a. 不想说就不要说了。（王朔：痴人）

b. * 不要说就不要说了。

c. * 不要说就别说了。

例（53b）和例（53c）不成立的根本原因并不在于表示意愿的“要”一般不用“不”来否定，因为“要”的否定式有时还是可以用“不要”的（上文已有论述）。如：

（54）我不要再见到你，就是你让我破了产。（北京人在纽约）

助动词“要”包含意愿（desire）的含义，这是很容易证明的。如：

（55）a. * 我要看，但是我不想看。

b. * 我要看，并不是说我想看。

在例（55a）和例（55b）中，前一分句都表明主语“我”有“看”的意愿和想法，而后一分句却又都否定了这一点，因此句子不成立。因此我们可以说，“要”包含“想”的含义，而“想”则不包含“要”的含义。再比较：

（56）a. 我只是想回家，没说一定要回家。（意愿）

b. * 我只是要回家，没说一定想回家。（意愿）

4.6 小结

4.6.1 上文我们讨论了助动词“要”与“想”在句法形式上的主要差别及其语义上的不同。概括地说，从情态语义的角度看，助动词“想”表示意愿（desire）情态，而助动词“要”则表示意图（intend）情态。我们认为，二者在程度、否定和独立性等形式方面的差别可以从它们在语义上的这种不同得到解释。

4.6.2 意愿和意图都属于意志（volition）情态，而后者在情态系统中属于典型的施事情态（agent-oriented modality）。施事情态是从命题的角度表达与主语（施事）实施谓语动词所表示的动作行为有关的各种条件或状况，如能力、意志、义务和许可等。现代汉语中表达意志情态的主要手段是表示意愿的助动词，即马庆株（1988）根据连用顺序所划分出来的愿望动词（愿望类助动词）。除了“想”和“要”外，还包括“愿”“愿意”“情愿”“肯”和“敢”等。

4.6.3 本章主要从情态语义的角度比较了“想”和“要”之间的差别，至于它们与其他意志类助动词之间的异同则留待以后考察。此外，从历时的角度考察意志情态在历史上的发展演变过程（如“要”），也是一个很有意义的课题。

第五章　从“会$_2$”与“可能”的比较看助动词“会$_2$”的句法和语义

“会”是现代汉语中一个常用的助动词。它有两类意义，分别表示能力和推测，我们称之为“会$_1$”和“会$_2$”。

关于“会$_2$”的语义，一般认为表示可能，并用“可能”或“有可能”来解释。那么“会$_2$”是否就等于“可能”？如果不是，“会$_2$”的语义内涵又是什么？它与“可能”在句法和语义上有何不同？这些问题值得探讨。

在讨论“会$_2$”的句法和语义时，多数人只注意到它与助动词“能”的区别，却没有看到它与助动词“可能”的不同。实际上，“会$_2$”与“能”的差别要比它与“可能”的差异明显得多，后者更值得研究。

本章主要从语言所表达的情态角度，通过“会$_2$”与“可能”在句法和语义上的比较，来考察“会$_2$”的语义和句法问题，并尝试从逻辑、语用和认知等角度做出解释。

5.1　量幅与量点

5.1.1　从能否受程度副词修饰看，“会$_2$”与“可能”不同，后者可以受程度副词“很”等修饰，而前者则不能。如：

（1）明天很可能/*会下雨。

（2）他们三个人中，小王最可能/*会来。

（3）怎么不可能？这太可能/*会了。

（4）凶手极可能/*会是来自北方的狼。

（5）这两幅画十分可能/*会是梵高情人的肖像。（新民晚报）

（6）这非常可能/*会是德寇飞机造成的罪孽。（朱永安译：戴红玫瑰的丑女人解答世纪之谜）

我们统计了4000多万字的语料，发现“会”受“很”修饰有108例，其中107例是“会$_1$”，只有一例是“会$_2$”。[①] 即：

（7）鸿渐没料到辛楣又回到那个问题，仿佛躲空袭的人以为飞机去远了，不料已经转到头上，轰隆隆投弹，吓得忘了羞愤，只说：“那不会！那不会！”同时心里害怕，知道那很会。（钱钟书：围城）

5.1.2　助动词“可能”表示事件或状态“可以发生或实现”[②]，从逻辑的角度说就是“可能的”，至于这种可能性的程度则不具体。所谓程度实际上也是一种量（连续量），我们可以把可能性这种量范畴看作从0到1的连续统（continuum），其最低极限为0，表示不可能，最高极限为1，表示必然。在这个连续统中，只要大于0且小于1就是“可能”。因此从量特征的角度看，助动词“可能”所表示的可能性是一种变化幅度很广的模糊量。如：

（8）a. 张三可能来，不过可能性不大。（小于50%）

b. 张三可能来，也有可能不来。（接近于50%）

c. 张三可能来，不过也不一定。（大于50%）

---

① 值得注意的是，这里的“很会”为对比的说法，对比上文的“不会”。如果没有这种语境的限制，一般说成“很可能/有可能”。

②《现代汉语词典》第641页，商务印书馆1983年第2版。

例（8a—c）都由两个小句组成，前者表示“可能”的范围，后者则是对这个范围的切分。虽然全句所表示的可能性的程度实际上是由后者确定的，但这是在前者所表示的范围之内进行的。

既然助动词“可能”所表示的可能性是一个范围很广的模糊量，那么它受程度副词的修饰就是很自然的。后者的作用就在于对这个模糊量进行缩小和切分，因此，“程度副词＋可能”所表示的可能性的范围和幅度要比“可能”本身小得多。比较：

（9）a. * 张三很 / 非常 / 十分 / 极可能来，不过可能性不大。

b. ？张三很 / 非常 / 十分 / 极可能来，也可能不来。

c. 张三很 / 非常 / 十分 / 极可能来，不过也不一定。

而“会$_2$”的情况则不同，它所表示的可能性不是类似于“可能”的连续的范围（量幅），而是一个离散的点（量点），本身并不包含可以伸缩变化的幅度。这种差别类似于性质形容词和状态形容词之间的差异。

程度副词的作用在于修饰某个量的程度等级。因此，只有表示连续的、可以变化的量幅的词才能受它修饰，而表示离散的单个量点的词则不行。[①] 前者如“可能”，后者如“不可能”（极点 0）和“一定”（极点 1）等。如：

（10）a. * 这是很 / 非常 / 十分 / 极<u>不可能</u>的。

b. * 这是很 / 非常 / 十分 / 极<u>一定</u>的。

由于“会$_2$”所表示的可能性是一个点，而不是幅度，因此它与程度副词在语义上是不相容的，后者不能对量点进行切分。

5.1.3 不过，程度副词和“可能”都是表示某种连续的量，

① 这两类词即石毓智（2000a）所说的不定量词和定量词。

为什么前者不能修饰“会$_2$”，而后者却可以呢？其实这一点不难理解。因为“可能会VP”的结构层次为“可能［会VP］”，而不是“［可能会］VP”。因此，所谓的“可能会VP”在语义上相当于“会VP是可能的”。如例（11a）与例（11b）：

（11）a. 明天可能会下雨。

b. 明天会下雨，这是可能的。

也就是说，从量特征角度看，“会VP”所表示的可能性虽然是一个点，但“可能会VP”表示的可能性则又是一个连续的量幅。因此，后者又可以受程度副词的修饰。如：

（12）我舅舅很可能会不同意这句话。（王小波：未来世界）

5.2 肯定程度

5.2.1 从与语气副词的搭配看，“会$_2$”与“可能”也不同。前者可以受肯定副词“一定”等和或然副词“也许”等修饰；而后者则一般不受这些副词的修饰。如：

（13）张三一定会/*可能来。

（14）张三当然会/?可能来。

（15）张三的确会/?可能来。

（16）张三也许会/*可能来。

（17）张三或许会/*可能来。

（18）张三大概会/*可能来。

在我们检索的语料中，“会$_2$”受上述副词修饰有1130例，而“可能”则只有4例，差别是很明显的。

5.2.2 “一定、当然、的确”等肯定副词表示一种肯定语气，即说话人认为某件事是肯定的、确定无疑的，因而相当于逻辑上的必然。“也许、或许、大概”等或然副词表示一种或然语气，即说话人对某件事的不太肯定的推测，因而相当于逻辑上的可能。

从逻辑角度说，既存在“可能 p 是必然的”（p 表示命题，下同）这样的命题，也存在“可能 p 是可能的”这样的命题，因为命题“可能 p”并不必然为真。然而从语言表达的角度看，说某件事“必然［可能发生］”或“可能［可能发生］”，与说它“可能发生”并无差别，因为前者并没有比后者提供更多的信息。如：

（19）a. ？小张可能知道，这是一定 / 当然的。

b. ？小张一定 / 当然 / 的确知道，这是可能的。

c. ？小张也许 / 或许 / 大概知道，这是可能的。

或然副词表示一种可能性推测，因而当它们修饰“会$_2$”时有一个重要作用，那就是降低后者所表示的可能性的程度。而肯定副词表示的是一种必然性推测，当它们修饰“会$_2$”时，则会提高后者的可能性程度。如：

（20）a. 小李会来。

b. 小李也许 / 或许 / 大概会来。

c. 小李一定 / 当然 / 的确会来。

三者所表示的肯定程度和可能性等级为：b<a<c。再如：

（21）a. 小王可能会来。

b. * 小王一定 / 当然 / 的确［可能会来］。

c. * 小王可能［一定 / 当然 / 的确会来］。

因此，“会$_2$”的肯定程度要低于“一定 / 当然 / 的确会”。又如：

（22）a. 我想张三也许 / 或许 / 大概会来。

b. ？我认为张三也许 / 或许 / 大概会来。

这表明“也许 / 或许 / 大概会”的肯定程度较低。因为“(我)想”是一个表示不太肯定的弱断言谓词，而“认为”则是个肯定程度很高的强断言谓词。①

5.3 因果关系

5.3.1 从能否与询问原因的疑问代词“为什么”搭配看，“会$_2$”与“可能”也不同。前者可以受“为什么”修饰，而后者则一般不受“为什么”修饰。如：

(23) 人为什么会 /* 可能死？

(24) 张三为什么会 /? 可能来？

我们统计了上述语料发现，“为什么”修饰“会$_2$”有 165 例，而修饰“可能”则一例也没有。

5.3.2 从语言作为信息交流工具的角度看，当说某件事仅仅是可能发生时，我们并没有提供什么新信息。因为从逻辑上说，任何一件事情要么发生，要么不发生，二者大约各占一半的可能性，因而听话人不需要知道其原因。只有当某一种可能性超过 50% 时，这种因果关系才有信息交流的价值。在这一点上，“会$_2$”与“可能”截然不同。

袁毓林（1999）从信息加工和认知处理的角度来解释助动词的连用顺序，认为“可能”表示介于肯定与否定之间的一种概率，因此其包含的信息量极低，而“会$_2$”表示较大的可能性，因此其信息量大于“可能”。这与我们的分析是一致的。沈家煊（2001a）

① 关于“(我)想”与“认为”的区别，请参看第十一章。

也认为，信息度（informativeness）越高，越是出乎意料。反过来也是一样的，越是出乎意料，信息度越高。正因为一个事件可能发生的概率要远远高于会发生的概率，也就是说“可能 p”的概率要远高于“会 p”，因此后者的信息度要比前者高得多，后者的因果关系所包含的信息量也比前者要高得多。这也就是对“会 p”的事件询问原因很常见，而对“可能 p”的事件询问原因则很不自然的语用动因。

5.4　可能性的等级

5.4.1　在否定表达方面，“会$_2$”与“可能”也截然不同。“可能”单独作谓语动词时，可以并举相反的两种情况或可能。而“会$_2$”单独作谓语动词时，则不能并举相反的情况或可能。如：

（25）a. 张三可能来，也可能不来。

b. 张三可能来，也有可能不来。

c. 张三可能来，但不一定来。

d. 张三可能来，不过也不一定。

（26）a. * 张三会来，也会不来。

b. * 张三会来，也可能 / 有可能不来。

c. * 张三会来，但不一定来。

d. * 张三会来，不过也不一定。

例（25）说明“可能来”与“可能不来”和“不一定（来）”可以并存。而例（26）则说明“会来”与“会不来”、“会来”与“可能不来”、“会来”与“不一定（来）”都不能同时成立。

5.4.2　从逻辑性质上说，“会$_2$”和“可能”都属于可能类，与之相对的是“一定”等，后者属于必然类，它们之间在逻辑双重否定上截然相反。[①] 即：

（27）a. 不可能不 p= 一定 p

b. 不会不 p= 一定 p

c. 不一定不 p= 可能 p

但是，不同的可能类词在具体的可能性程度上并不相同。我们可以把例（26）所示的四种格式看作检验认识类情态词所表示的可能性程度的一个标准。

虽然从逻辑上说，一个命题只要不是必然的，就一定存在相反的可能性，即 p 和非 p 都是可能的。但是从语言表达的角度看，随着情态词所表示的可能性程度的不同，上述这四种格式的适应能力也不同。比如“也许”和“大概”，试比较：

（28）a. 我也许去，也许不去。

b. 我也许去，也可能不去。

c. 我也许去，但不一定去。

d. 我也许去，不过也不一定。

（29）a. * 我大概去，也大概不去。

b. ？我大概去，也可能不去。

c. 我大概去，但不一定去。

d. 我大概去，不过也不一定。

这说明，“也许”和“大概”虽然都是表可能性推测的语气副词，但后者的可能性程度要高于前者。

又如“会$_2$”，虽然我们可以说它表示“较大的可能性”（袁毓

① 感谢马庆株先生指出这一点。

林 1999），但是它与“很 / 非常 / 十分 / 极可能”还是有所不同，后者明显是表示很大的可能性。比较例（26）与例（30）：

（30）a. ＊张三很 / 非常 / 十分 / 极可能知道，也很 / 非常 / 十分 / 极可能不知道。

b. ？张三很 / 非常 / 十分 / 极可能知道，也可能不知道。

c. ？张三很 / 非常 / 十分 / 极可能知道，但不一定知道。

d. 张三很 / 非常 / 十分 / 极可能知道，不过也不一定。

因此在可能性的程度上，“会$_2$”还是要高于“很 / 非常 / 十分 / 极可能”。然而它又不等于肯定词“一定 / 必定”等（如例（31）所示），虽然它们之间有某些相似。比较例（26）与例（31）：

（31）a. * 张三一定 / 必定来，也一定 / 必定不来。

b. * 张三一定 / 必定来，也可能不来。

c. * 张三一定 / 必定来，但不一定来。

d. * 张三一定 / 必定来，不过也不一定。

也就是说，在可能性程度上，上述情态词之间存在一个连续渐变的等级差异。即：

也许 < 可能 < 大概 < 很 / 非常 / 十分 / 极可能 < 会$_2$

5.4.3　这里存在着语言和逻辑的不同。从逻辑上说，肯定一个较高量蕴含着对较低量的肯定。如：

（32）a. 张三身高有一米八。

b. 张三身高有一米五。

如果 a 成立，则 b 也一定成立。然而根据语用学中的适量准则这个普遍原则，我们在使用语言时，应该按照需要提供足量的信息。因此二者在表达上是不同的，它们分别相当于：

（33）a. 张三身高达到一米八。

b. 张三身高只有一米五。

也就是说，例（32b）的信息量要低于例（32a）。

与此类似，从逻辑上说必然的一定是可能的，较高程度的可能性蕴含着较低程度的可能性。这与上述量级命题之间的关系在性质上是相同的。即下面的 a 和 b 都蕴含着 c：

（34）a. 张三一定 / 必定来。

b. 张三会来。

c. 张三可能来。

然而它们在语义和表达上不同。按照上文的分析，例（34c）的可能性程度远不如例（34a）和例（34b），因而它所传达的信息量要低得多。

5.4.4　值得注意的是，当"会$_2$"受到语气副词"也许 / 或许 / 大概"等修饰时，则可以用于并举相反的情况或可能。如：

（35）a. 您年纪再大些也许会懂，但也不一定。（邓友梅：别了，濑户内海）

这一点不难解释。因为上述副词是表示或然的、不太肯定的语气的，它们的出现明显削弱和降低了句子所表示的可能性的程度。如果把它换成肯定副词"就"，则句子不能成立。比较：

（35）b.* 您年纪再大些就会懂，但也不一定。

这些或然副词的作用就在于减小说话人对某个命题的真值的相信程度（degree of commitment），从逻辑上说就是使一个命题成为可能命题。在这一点上，它们与助动词"可能"相同。

5.5　时间特征

5.5.1　上面我们详细讨论了“会$_2$”的可能性程度问题。这一节我们来讨论“会$_2$”与“可能”在时间特征方面的差异。

在能否与表示时体意义的成分共现上，“会$_2$”与“可能”明显不同。前者一般不与表示过去或已然的名词（如“昨天”）和副词（如“已经”）共现，也不与完成体助词“了$_1$”和经历体助词“过”共现，而后者则不存在这些限制。如：

（36）张三昨天可能/*会病了。

（37）冷战时代可能/*会已经过去。

（38）从外表的症候看，可能/*会得了败血症。

（39）陶副官一定不会清白，可能/*会结过婚。

5.5.2　上述时间成分在语义上都是表示过去的或已然的。这说明，“可能”可以对已经发生的或已然的事件进行推测；而“会$_2$”则不能，它只能对将要发生的、未然的事件进行预测。

一般来说，作为时体的无标记参照点的时间是说话时间，即话语隐含的“现在”（Givón 1988：273）。因此，通常情况下“会$_2$”是对将来的事件或状态进行预测，这也是一般学者的认识。但是作为参照点的时间并不限于说话时间，它也可以是过去的某个时间。在这种情形下，“会$_2$”就不限于指将来，它也可以对过去的事件进行推断。这里涉及三种时间，即a说话时间、b事件时间和c参照时间。一般情况下a和c是重合的，即说话时间同时也是参照时间。然而当“会$_2$”用于对过去的事件进行推断时，a和c则是分离的。不过即使如此，被推断的事件也必定是在这个参照时间之后发生。如：

（40）a. 没想到会这么顺利。（吕叔湘 1980：245）

就例（40a）而言，虽然它是对过去的事件（即“这么顺利”的事）进行判断，但句子隐含的参照时间（即谓语动词“想”所表示的时间）是过去的某个时间（在说这句话的时间之前），而且是在被判断的事件之前。我们可以简单图示如下[①]：

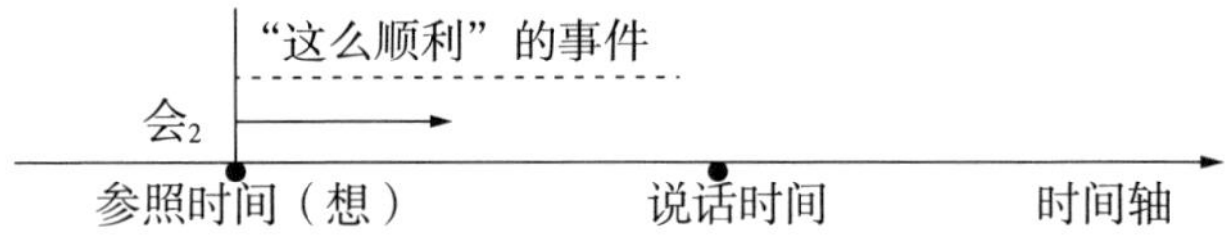

我们可以添加一个表示过去时间的词语，使这个隐含的参照时间显性化。如：

（40）b. 当时/那时/当初没想到会这么顺利。

（41）一周前，我做梦也没想到会遇到你，现在我们却在一起吃晚饭，推心置腹地谈话。（王朔：一半是火焰，一半是海水）

我们这种分析还有两个证据，一是例（40a）的否定词是“没”，而非“不”，而“没V”是对“V了”的否定。如果把这个“没”换成“不”，句子就不成立。如：

（40）c. * 不想到会这么顺利。

d. * 不想会这么顺利。

二是例（40a）的主句谓语“想到”为动补复合词，表示有界、定量的“动作 + 结果”。如果把它换成光杆动词“想”，句子也不成立，因为后者是无界的、非定量的。[②] 如：

（40）e. * 没想会这么顺利。

---

① 图中没有标明表示事件时间的虚线与说话时间的关系。这是因为这个事件到说话时为止是否结束并不清楚，可能已经结束，也可能未结束。

② 关于动补结构等有界定量动词的否定限制，参见石毓智（2000a），第111—115页。

5.5.3　不过，在否定句和疑问句中情形则有所不同。许和平（1993）指出，在否定句和疑问句中，“会$_2$”可以带“着、了、过”。袁毓林（1999）也认为，“会$_2$”只有在疑问或否定的情况下，才能用在表示现在或过去时态的句子中。如：

（42）他不会去了／过北京。（许和平 1993）

（43）他昨天晚上会呆在家里吗？（袁毓林 1999）

这种差别可能跟肯定句与否定句、疑问句这两种句类的现实性与虚拟性不同有关。不过，真正的原因还需要作进一步的研究。

5.6　辖域和语法化程度

5.6.1　“会$_2$”和“可能”虽然都是谓宾动词，但它们所能带的宾语类型并不相同。后者可以带小句宾语，即主谓词组充当的宾语，而前者一般情况下不能带这样的宾语。[①] 如：

（44）母鸭下蛋，可能／*会价钱卖得贵些。

（45）没看出来，可能／*会我是个俗人。

（46）有可能／*会老妇人被野兽所伤。

当小句宾语的主语为焦点成分（如表周遍性）时，则可以充当“会$_2$”的宾语。如：

（47）然而不久就会什么都消失了。（张弦：被爱情遗忘的角落）

5.6.2　上述差别说明两点，一是“会$_2$”和“可能”的辖域不同。前者只能处在主语之后，不能位于句首，这表明它的辖域只限于谓语部分，而不包括主语。而后者可以处在主语之前，因此其辖

① 傅雨贤、周小兵（1991）指出，“会不会”可以出现在句首。

域应该是整个句子。因此，当它们同在一个句子中共现时，只能是“可能”先于“会”，而不能相反。如：

（48）a. 张三可能会来。

b. 可能张三会来。

c. * 张三会可能来。

d. * 会张三可能来。

二是“会$_2$”和“可能”在句子中的自由程度不同。前者在句中的位置说明，它在句法功能上更接近于谓词，或者说与谓词的关系更密切。比如，在它的前面可以插入语气副词，它与谓词宾语之间则不能插入语气副词。比较：

（49）a. 张三的确/确实会来

b. * 张三会的确/确实来。

而“可能”在句中分布的自由性表明，它在句法功能上更接近于状语，或者说其性质更像副词。[①] 比如与“会$_2$”相反，“可能”的前面一般不能插入语气副词，而其后则可以。比较：

（50）a. 当然，尝试的结果也可能的确是不行。

b. ？当然，尝试的结果也的确可能是不行。

（51）a. 我们的一些产业发展初期可能确实如此，但现在情况已经不同。（人民日报，1995.3.18）

b. ？我们的一些产业发展初期确实可能如此，但现在情况已经不同。

5.6.3　马庆株（1988）指出，“可能”和“会$_2$”与必要动词（“得”“应该”“要”等）连用的顺序是不一样的。前者是“可能＋

① 吕叔湘（1980：301）认为“可能”是副词，并用语气副词“也许”和“或许”来解释。

必要动词”，而后者则是“必要动词 + 会$_2$”如：

（52）这种药可能得 /* 得可能服三片儿。

（53）将来你可能要 /* 要可能重新安排生活。

（54）他的后半生应该会 /* 会应该越来越好。

因此从与动词的距离远近看，三者的顺序应该是“可能 > 必要动词 > 会$_2$”。这说明“可能”的语法化程度比“会$_2$”要高。

我们知道，必要动词是表示义务的，或由义务情态发展而来，如“应该”。义务属于道义情态的一种，一般来说，道义的意义可以演变成认识的意义，而不是相反。因此，后者的语法化程度要高于前者。也就是说，“可能”的语法化程度比必要动词高，因为它属于典型的认识情态词。

而“会$_2$”则不同，它的语法化程度可能比必要动词还要低。一方面，它与句子的主要动词的关系比必要动词要紧密；另一方面，它在句中的自由程度不如必要动词，后者可以自由地移位到主语之前或句首，而“会$_2$”则不行。比较：

（55）a. [这事] 得 / 应该 / 该 / 须得他去。

b. * [这事] 会他去。

5.6.4　不过，助动词“要”与“会$_2$”连用时，“要 + 会$_2$”的形式远不如“会$_2$+ 要”的形式常见。在我们检索的上述语料中，二者连用共 19 例，其中后者有 18 例，而前者只有 1 例，而且其可接受性很低。即：

（56）一阵拍手，屋顶要会给炸破似的。（穆时英：夜总会里的五个人）

值得注意的是，“会$_2$+ 要”中的“要”一般只表示认识意义，即对未来的预测，而不再表示义务的意义。在上述 18 例中有 17

例如此，只有 1 例仍然是表示道义的意义。即：

（57）如果有了孩子，他们其中的一个人就会要放弃事业，专心抚养，否则便会对孩子不负责任。（刘玉珊：在磨难中崛起）

5.7 小结

本章我们详细讨论了助动词“会$_2$”与“可能”在句法和语义上的种种差别。事实表明，二者无论是在句法上，还是在语义上都存在很大的不同。

汉语的助动词是一个数量有限、意义独特而又使用频繁的词类。从情态的角度看，大多数助动词都表达丰富而又独特的情态意义，而情态动词的多义性则是世界语言的共性。因此，汉语的助动词可以而且应该一个个地具体研究，而不应采取相互训释、简单替代的方法。后者正是传统研究在方法论上的不足。

本章的目的不仅在于从情态的角度考察单个助动词的语义和句法，更重要的是探讨不同的助动词之间存在的差异，从而为研究现代汉语的情态系统提供事实基础。

第六章　必要与必然——“该”类助动词的两种模态类型及其选择因素

“该”类助动词在与其他类助动词连用时所处位置相同，而且在语义上都可以表达必要和必然两类模态。这两种模态在形式上是有区别的，表现在能否受程度副词修饰、能否用“不”否定、正反问形式、能否与“了$_1$”共现、能否进入从句、能否带从句宾语等，据此可以预测出现在不同环境中的“该”类助动词所表达的意义。必要和必然虽然分别属于道义模态和认识模态，但二者具有相同的逻辑本质，即必然性。这种联系在很多语言中都有表现。

6.1　“该”类助动词表达的两种模态

6.1.1　汉语助动词相互之间只要意义上不矛盾就可以连用，这一点与英语的模态助动词（modal auxiliaries）不同。[①] 根据连用顺序的不同，马庆株（1988）把助动词分为六个小类，其中必要类主要有“得（děi）”“应”“该”“应该”“应当”“须得”“必得”“要$_1$”等（下文称为“该”类助动词）。[②]

① Coates（1983：4）等指出，相互不能共现是英语模态助动词区别于一般助动词的一个形式特征。

② 马庆株（1988）所说的必要类助动词还包括“犯得着”和“犯不着”，不过它们在语义上不表示必要，而是表示“值得 / 不值得”（《现代汉语词典》第 6 版，第 363 页），因此本章的讨论不涉及它们。

6.1.2 “该”类助动词在与其他类助动词连用时所处位置相同，而且在语义上都既可以表示义务或必要（情理上或事实上需要如何、必须怎么样），也可以表示主观推测或估计（肯定如何、必然怎么样）（“须得”除外）。[①] 如下面各例的 a 和 b 所示：

（1）a. 与会同志一致认为，应抓住机遇，更积极地利用外资。（人民日报，1995.1.3）

b. 美酒、佳人，再加仙乐似的琴艺，这只应天上才有！（李约：秦始皇大传）

（2）a. 把问题弄清楚，该怎么办就怎么办。（邓小平文选）

b. 我觉得如果我再推你就该真烦了。（安顿：绝对隐私）

（3）a. 中英两国应该合作，共同来处理好香港问题。（邓小平文选）

b. 他们说如手续齐备，办起来应该很快，毕竟云南出国人少。（不光：闯西南）

（4）a. 对此，马克思主义者应当站出来讲话。（邓小平文选）

b. 三〇〇高地上的两排人，坚守到占领河滩应当不成问题吧？（邓友梅：我们的军长）

（5）a. 每个干部都要把党性放在第一位。（邓小平文选）

b. 祥子的脸忽然红得像包着一团火，他知道事情要坏！（老舍：骆驼祥子）

（6）a. 你的痛苦还得你自己面对啊。（安安：春毒）

b. 你还可以风花雪月，我要那样就得挨饿。（安顿：绝对隐私）

① 吕叔湘（1980）已指出“该”“应该”和“要”的这两种意义。

（7）a. 不过，我们必得自己有预备，才不会坐失时机。（高阳：红顶商人胡雪岩）

b. 农民必得重新盘算，种粮、种棉，还是养猪、养鸡更合算？（人民日报，1995.4.24）

从模态（modality）的角度说，情理上或事实上的必要属于道义（deontic）模态，而主观推测、估计则属于认识（epistemic）模态。从逻辑上说，认识模态又可以分为可能和必然，而“该”类助动词所表达的认识义很明显属于必然模态。① 因此可以说，“该”类助动词既可以表示必要模态，也可以表示必然模态，这是它们区别于其他助动词的一个显著特征。

6.1.3　本章从情态语义的角度，通过句法和语义的比较，来考察必要类助动词的两种模态意义之间的差异，以及影响或制约其意义选择的各种因素。最后从跨语言的角度，简要讨论必要情态与必然情态在语言表达上的区别和联系。

6.2　必要和必然在句法形式和使用上的差别

6.2.1　助动词“应”“该”“应该”和“应当”等在表示必要义时可以受程度副词“很”“最”等修饰，而在表示必然义时则不行。比较：

（8）a. 在韩国没有特别应避免的姿态。（人民日报，1995.8.6）

b. “天棚、鱼缸、石榴树……”就（* 特别）应在这里了！

① 吕叔湘（1980）把表示认识义的“得（děi）”“该”“应该”分别解释为“会；估计情况必然如此”“估计情况应该如此”和“估计情况必然如此”，这些都可归入认识必然的模态范畴。

（邓友梅：步入中庭）

（9）a. 我想着你身子单弱，渐渐天凉起来，很该补一补。（白先勇：玉卿嫂）

b. 别喝了，你（*很）该醉了。（王朔：永失我爱）

（10）a. 按道理说，这类人最应当"记愧"。（钱钟书：干校六记小引）

b. 这个目标经过努力，（*最）应当可以达到。（吕叔湘 1980：551）

（11）a. 他们觉得十一子和巧云做的事都很应该，很对。（汪曾祺：大淖记事）

b. 我想你太太现在（*很）应该到达巴黎了。（邓友梅：兰英）

这种不同与助动词"可能"和"会"之间的差别类似。（参见第五章）这说明同作为认识模态词，"该"类助动词的必然义在语义和句法上更接近于"会"而不是"可能"。

不过，助动词"应""该""应该"和"应当"等受程度副词修饰的用法并不常见。[①] 我们在 8400 多万字的语料中只发现 78 例，具体如下表所示：

表 6.1　必要动词受程度副词修饰的数量

	应	该	应该	应当
很	0	2	5	1
最	12	12	16	3

① 吕叔湘（1980：551）也指出，"'不应该'……前面常可以加'很'，'应该'前不常见"。

续表

	应	该	应该	应当
非常	0	0	1	0
特别	8	1	11	4

助动词“要”“得”“须得”和“必得”不管是表示必要还是必然，都不受程度副词修饰。这可能与它们只用于非正式的口语语体有关（“要”除外）。比较下面各例的 a（必要）和 b（必然）：

（12）a. 干革命（*很）得有一股干劲。（吕叔湘 1980：143）

b. 这么晚才回来，妈又（*很）得说你了。（同上）

（13）a. 借东西（*很）要还。（吕叔湘 1980：520）

b. 看样子（*很）要下雨。（同上）

（14）第四版的稿子还差一些，（*很）须得补发。（茅盾：蚀）

（15）a. 你要去，（*很）必得跟我一道！（老舍：四世同堂）

b. 我要是北平妇女界中的第一号，你就（*很）必得是第二号。（同上）

6.2.2 助动词“应”“该”“应该”“应当”和“要”等在表示必要义时，可以用“不”来否定，而在表示必然义时则一般不能用“不”来否定。① 比较：

（16）a. 对效益高低问题要作具体分析，不应简单做出结论。（人民日报，1995.1.2）

b. 五年，在人生短暂的岁月里，应不 /* 不应是段很短的日子吧？（百合：蓝色星）

① 吕叔湘（1980：186）指出，“该”表示“估计情况应该如此”（即必然义）时，没有否定形式。

（17）a. 这时候只该乐，不该哭！（欧阳山：苦斗）

b. 该不 /* 不该是他的神经有什么毛病？（毕淑敏：预约死亡）

（18）a. 对人权问题应该在平等基础上进行对话，而不应该对抗。（北京日报，1997.3.8）

b. 大夫说，应该不 /* 不应该会再发生这种现象了！（李国文：体验生活）

（19）a. 我不应当逼您！（老舍：龙须沟）

b. 三间房，而且在乡下，一万元应当不 /* 不应当算少。（老舍：不成问题的问题）

（20）a. 对现有的麻风防治医务人员，不要轻易调离，要保持相对稳定。（全国麻风病防治管理条例）

b. 大概不会 /* 不要下雨了，鹏鸡儿是在晴朗的夜晚才啼鸣的。（王蒙：夜雨）

对由必然义表达的推测、估计的否定，一般用“不会 / 不可能”。如：

（21）这不是尼龙的，不会 / 可能 /* 应 /* 该 /* 应该 /* 应当很结实。

（22）他今天才动身的，今天不会 / 可能 /* 应 /* 该 /* 应该 /* 应当到了。

（23）这回宝中堂应该不 /* 不应该会有后言了。（高阳：红顶商人胡雪岩）

除此之外，还可以用“必然动词 + 不会”这种形式。如：

（24）秦干事想要是王景这时从花丛中走来，她应该不会犹豫，她会拨开花丛一径迎向他，任他挽住，一道去走遍天涯。（赵琪：

告别花都）

（25）应该不会出事，你知道我花了多少钱买通他？（李约：秦始皇大传）

实际上，许多表示主观判断的成分，如用于反问句中表示推测的“能”（干这种事的人还能是好人？）和弱断言谓词“（我）想”（我想他一定会来的）等，都不能用“不”否定。英语模态助动词与此类似，如 must 在表示义务时可以用 mustn't 来否定，在表示推测时则只能用 can't 来否定。（Coates 1983：39—47）不过表示推测的“会”可以用“不”否定，这似乎说明同作为认识模态词，“该”类助动词的主观性程度可能要高于“会”。[①]

6.2.3　助动词“应”“该”“应该”和“应当”等在表必要时一般不带否定宾语，一般只说“不 + Aux + VP”（Aux 表示助动词，下同），而不说“Aux + 不 + VP”，特别是在 VP 前有状语修饰时。[②]比较：

（26）说倒倒脚不对吧，不应 /* 应不下那个毒手，可是她自己守着活寡呢。（老舍：毛毛虫）

（27）农民协会好，只是不该 /* 该不打菩萨！（冯骥才：一百个人的十年）

（28）病人是不应该 /? 应该不化妆的。（毕淑敏：女人之约）

（29）咱们谁也不应当 /* 应当不闲着，是不是？（老舍：蜕）

表禁止的否定词“别”也不能修饰必要义助动词或者被必要义

① 除此之外，还有两个表现：一是二者连用时只能是“应该”在前，“会”在后，这说明“会”与核心动词更近；二是“应该”可以带小句宾语，而“会”不行，这与表示推测的“（我）想”类似。

② 沈家煊（1999）认为，“不应该 VP”在语义上等于“应该不 VP”。这只是就二者的语义而言的，实际上后者一般是不说的。

助动词修饰。比较：

（30）在防止核扩散及和平利用核能方面，不应/*应不/*别应/*应别采取双重标准。（人民日报，1995.4.20）

（31）中国威胁不了美国，美国不应该/*应该不/*别应该/*应该别把中国当作威胁自己的对手。（邓小平文选）

当宾语VP为光杆动词或者不带状语修饰语的动宾词组时，否定词“不”有时可以移到必要义助动词和宾语VP之间。不过，这种用法往往有特殊的语境（包括上下文），而且都可以转换为对应的“不+Aux+VP”形式。如：

（32）对于这些现象，应认识其严重性，应坚决反抗之，应不被这些现象的威力所压倒。（毛泽东选集）

另一方面，“应”“该”“应该”和“应当”在表示推测或估计时则可以带否定宾语。比较：

（33）文学表现性，应不是“为性而性”；文学表现性不应流于色情。（刘心武：我还能拨动你的琴弦吗）

（34）你们该不/*不该是想让她早点死吧。（方方：暗示）

（35）如果当时中国的经济实力和科技水平较高的话，应该不会付出那么大的代价。（人民日报，1995.12.4）

（36）可薛瑞红年近27岁，征战多年，应当不缺室外比赛适应气候的经验。（人民日报，1995.1.17）

例（33）中的两个“应”不同，前者表示说话人的推测（必然），后者表示情理上的必要。

助动词“要”不管是表示必要还是必然都不能带否定的宾语从

句。[①] 比较：

（37）你不要/*要不侮辱别人。（王朔：空中小姐）

助动词“得（děi）”在表示必要时，一般不能直接用“不”来否定，除非是在反问句中。如：

（38）a. 你得吃西药。（王朔：无人喝彩）

b. * 你不得（děi）吃西药。[②]

c. 你不得吃西药哇？

它也不能带否定的宾语从句。如：

（39）d. * 你得不吃西药。[③]

当“得（děi）”表示认识义时，表面上它前面可以有“不”，实际上这个“不”并不是表示否定，而是一种反诘用法。如：

（40）他要活不下去了，那我们还不得早死多少回了。（王朔：永失我爱）

（41）唉，要说是不拉扯吧，他们又（* 不）得挨饿，真没法子。（老舍：四世同堂）

“须得”和“必得”则都既不能受“不”否定，也不能带否定的宾语从句，不管是表必要还是必然。比较：

（42）第四版的稿子还差一些，（* 不）须得（* 不）补发。（茅盾：蚀）

（43）用兵（* 不）必得（* 不）斗智，何况“老秃山”是那么不容易打！（老舍：无名高地有了名）

上述必要义和必然义在否定特征上的差别实际上是是否允许否

---

① 下面这个例子中的“要”与例（37）不同，它是表示假设的连词（可以用连词“如果”替换）。

“你要不带我去，我就自己出去玩了。”（王朔：给我顶住）

② 例（38b）中的“得”如果是表禁止的“得（dé）”则可以成立。

③ 可以说“你得（děi）不吃西药，只吃中药”，这说明“得（děi）”的宾语只能是肯定的形式。这一点是范开泰先生指出来的。

定提升（negation raising）的问题。前者允许否定提升，而后者不允许否定提升。这种差别类似于英语断言谓词（think、believe 等）与叙实谓词（regret、know 等）之间的不同。

6.2.4　必要义可以被“不”否定，因此可以用“V 不 V”“是不是 V”来提问。如果考虑音节数，则单音节“应”“该”“要”可以用“V 不 V”“是不是 V”提问；双音节“应该”“应当”可以用“A 不 AB”“AB 不 AB”和“是不是 AB”提问。[①] 如：

（44）a. 我这些事在学习班里该不该谈？（冯骥才：一百个人的十年）

b. 是不是该请我们穷学生吃几顿。（王朔：浮出海面）

（45）a. 对闹派性的头头要不要调开？（邓小平文选）

b. 请问，顾客要接受你们服务，是不是要预约？（王朔：你不是一个俗人）

（46）a. 对于无产阶级文艺家，这些情绪应不应该破坏呢？（毛泽东选集）

b. 一些高雅的艺术应该不应该下乡？（北京日报，1997.3.30）

c. 我是不是应该立刻飞回国内？（刘心武：多桅的帆船）

（47）a. 由此可见，企业应不应当给职工办理提前退休手续，关键在于职工本人是不是具备了文件中规定的几种条件……（北京日报，1997.5.22）

b. 我应当不应当走呢？（老舍：四世同堂）

c. 伯伯，你是不是应当躲一躲呢？（同上）

而必然义不能用“不”否定，所以只能用“是不是 V”而不能

---

① 按理说应该还有“AB 不 A”，但由于“应”作为一个词很不自由，所以这种形式非常少见。

用“V不V”提问。比较：

（48）他一大早就出发了，现在*该不该/是不是该到了？

（49）天*要不要/是不是要下雨了？

（50）这好东西*应不应该/*应该不应该/是不是应该能赚钱？

（51）他*应不应当/*应当不应当/是不是应当看见谁来过？

“得”“须得”“必得”不管是表必要还是必然，都只能用“是不是V”提问。如：

（52）咱们是不是得/*得不得治治他？（王朔：顽主）

（53）这个闻完了是不是得/*得不得打喷嚏啊？（北京话）

（54）凡事是不是须得/*须得不须得研究，才会明白。

（55）今天有些话是不是必得/*必得不必得当面儿对他说。

例（52）、例（54）和例（55）表示必要，例（53）表示必然。

作为否定形式的“不是”与“不”不同，后者是语义否定，而前者则是语用否定。（沈家煊1993）也就是说，“该”类助动词的必要义既有语义否定，也有语用否定；而必然义则只有语用否定，没有语义否定。语义否定是对命题的否定，语用否定则不是否定命题，而是否定话语的表达方式的合适性（felicity）。

6.2.5　助动词“应”“该”“应该”“应当”等在表示必然义时，其宾语动词可以后附体助词“了$_1$”；而它们在表示必要义时，则不行。比较：

（56）a. 我想他应收到了我的信。

b. 外国企业办理营业登记应交纳（*了）登记费。

（57）a. 泼水的事，敌人现在该发泄到了顶点。（罗广斌、杨益言：红岩）

b. 年轻人该有（*了）一个长远打算。

（58）a. 我想他应该收到了我的礼物。

b. 真正讲究就应该吃（*了）奶酪，营养又好，口味又正。（王朔：许爷）

（59）a. 我想他现在应当到了北京。

b. 你们应当爱惜（*了）他，保护他，可你们干了些什么？（王朔：枉然不供）

这种差别在语义上不难理解。必要动词所在的小句表示一个虚拟、未然的道义事件，而体助词“了$_1$”则标记一个在某个参照时间之前是现实、已然的事件，因此二者在语义上不相容。必然动词则不同，它所在的小句表示说话人对某个过去事件的必然性的主观推测，因而在语义上与“了$_1$”是相容的。[①] 实际上，不仅是道义事件，所有表虚拟、未然的事件的小句都不能与“了$_1$”共现，如能力和意愿等，即使它们是对过去的假设或推测。比较：

（60）老王（年轻的时候）一顿能吃（*了）四碗饭。

（61）小张（昨天）想回（*了）家看看。

助动词“要”“得”“须得”和“必得”的动词宾语后面都不能出现体助词“了$_1$”，不管是表必要义还是必然义。如：

（62）a. 过河要有（*了）船。（必要）

b. 看样子要下（*了）雨。（必然）

（63）a. 干革命得有（*了）一股干劲。（必要）

b. 这么晚才回来，妈又得说（*了）你了。（必然）

（64）出国须得办理（*了）护照。（必要）

① 必要动词的宾语小句为连动句时，第一个动词后可以带“了$_1$”，但其他动词仍然不行。比较：

你应该吃了饭再看书。/* 你应该吃了饭再看了书。

（65）逢年过节要想改善生活，买点鲜活鱼肉和新鲜蔬菜，必得奔（*了）菜市场。（北京晚报，1997.11.15）（必要）

6.2.6　助动词“应”“该”“要”“应该”和“应当”在表示必要义时，可以进入定语从句中，也可以构成“的”字结构作主语和宾语（即主语从句和宾语从句）。如：

（66）a. 该伤心的地方多了。（老舍：生灭）

b. 该劝的劝，该夸的还得夸。（老舍：鼓书艺人）

（67）a. 战士的需要，就是我要做的工作。

b. 农民盼的，正是我们要落实的、要干的。

（68）a. 他们觉到敌兵是应当被杀死的东西。（老舍：火葬）

b. 群众所希望的就是我们应当做的。

当它们表达主观推测、估计的必然义时，一般不能进入从句结构中。比较：

（69）这个决议顺利实施应无问题→*这个决议应无问题的顺利实施（没人怀疑）

（70）小王明年该毕业了→*明年该毕业了的小王（现在一点也不着急）

（71）尼龙绳应该/应当很结实→*应该/应当很结实的尼龙绳（哪儿都能找到）

这是因为，句子既可以表达客观的命题，也可以表达说话人的主观情感或态度，后者就是所谓的语言的表情性（expressive）。句子内部的从句结构（定语从句、主语从句和宾语从句等）则只能表达命题。必要义表示的是一种客观的命题意义，而必然义表示的则是一种主观的表情性意义。因而前者可以进入从句，而后者则不行，只能进入句子层面。

“得”“须得”和“必得”的必要义和必然义都不能进入从句结构中。比较：

（72）a. 人总得活着→*总得活着的人

b. 妈妈又得骂你了→*又得骂你了的妈妈

（73）年轻人须得有理想→？须得有理想的年轻人

（74）a. 总理人选必得国会批准→？必得国会批准的总理人选

b. 队伍必得经过这里→*必得经过这里的队伍

6.2.7 除“应”外，所有必要类助动词在表必要义时，都可以带小句宾语（即主谓词组宾语）。如：

（75）亲是亲，财是财，该我拿的不能叫您破费！（邓友梅：那五）

（76）还是应该我去，你把地址给我。（北京人在纽约）

（77）八十元办公费应当他自己拿着。（老舍：上任）

（78）二叔，这个问题还是得你来解决。（老舍：残雾）

（79）这件事须得张三来处理。

（80）这件事必得张三来处理。

而当它们表必然义时，则都不能带从句宾语。比较：

（81）爸爸该收到了我的礼物。→*该爸爸收到了我的礼物。

（82）他应该到了北京。→*应该他到了北京。

（83）张三应当知道这件事。→*应当张三知道这件事。

（84）（这么晚回来，）妈妈又得骂你了。→*又得妈妈骂你了。

（85）灯笼必得经过这里。→*必得灯笼经过这里。

6.3 影响必要类助动词意义选择的各种因素

6.3.1 上文说过，既然必要义可以受程度副词的修饰，而必然义不能，那么是否有程度副词或其他程度成分的修饰，可以决定该类助动词所表达的情态类型。比较：

（86）a. 这里，当是来河内最该到的地方。（北京日报，1997.7.24）（必要）

b. 外面已没有什么行人了，我估计也该到了子夜时分。（朱文：我爱美元）（必然）

可以修饰必要动词的程度成分除程度副词外，还包括一些含有程度义的语气副词，如“太”和“真”等，其后的“该”类助动词一般也表示必要义，而不是必然义。比较：

（87）莫：莫怀远，天泉电器集团营业部的经理。天泉电器，你们没听说过？

戈：没听说过！

李：好像，不是，曾，应该听说过，是吧？

莫：太应该听说过了……可您二位，这一看就是知识分子，是文化人儿啊，至今不知道天泉电器，这，这可真是有点让……（编辑部的故事）

前者可以表示必要（有义务听说过）或必然（估计听说过），后者则只表示必要。再如：

（88）你有空真应该到我们产科里来看看。（冰心文集）（必要）

6.3.2　根据上文的结论，如果必要类助动词的前面有否定词“不”，那么它只表示必要，不表示必然；没有受到“不”的否定，才有可能表示必然。如：

（89）“……我一见你就觉得不应该——您不应是一中国人！”“那我是什么人啊？”“您就不该是人。”“怎么讲？”“委屈！听说过仙风道骨么？那就是说您。”（王朔：你不是一个俗人）

例（89）中的“应该、应、该”都表示必要，“不应该、不应、不该”即从情理上说应该不是如此。

另一方面，如果必要类助动词的宾语从句为否定句，则它一般表示必然义，而不大会表示必要义。如下面各例所示：

（90）办这么简单的事应不成问题。

（91）司机该不放心了，我在车里等。（王朔：橡皮人）

（92）他认为“四人帮”既已揪出，扫荡“四人帮”在教育战线的流毒，形成理想的境界应当不需要太多的时间。（刘心武：班主任）

（93）要说，农民对土应该不陌生，挖土方这么容易的活，没想到……（北京日报，1997.5.9）

（94）按理说在我们这个年龄正是学习的好时机，应该没有什么烦恼……（北京晚报，1997.12.12）

6.3.3　必要义因为可以用“不”否定，因此可以用“V不V”“是不是V”来提问；而必然义不能用“不”否定，所以只能用“是不是V”来提问。比较：

（95）a. 我们该去换登机牌了。→我们该不该/是不是该去换登机牌了？（池莉：让梦穿越你的心）

b. 再过几个月我就该到了知天命之年。→再过几个月我*该不该/是不是该到了知天命之年？（人民日报，1995.11.28）

（96）a. 在中国子女要赡养父母。→在中国子女要不要/是不是要赡养父母？

b. 地返潮了，天要下雨。→地返潮了，天*要不要/是不是要下雨了？（蔡测海：远处的伐木声）

（97）a. 遇事应该冷静→遇事应不应该/应该不应该/是不是

应该冷静？

b. 大凤是有身份的人，她应该知道。→大凤是有身份的人，她？应不应该/？应该不应该/是不是应该知道？（老舍：鼓书艺人）

6.3.4　按上文所述可以推测，如果必要类助动词后面的谓词宾语中有体助词“了$_1$”，那么它所表达的应该是必然而非必要。[①] 比较下面各例的 a（必要）与 b（必然）：

（98）a. 这么重要的事情，他应该来。

b. 这么重要的事情，他应该来了。

（99）a. 我该送你过去了。（田小菲：哈得逊河上的落日）

b. 去年还是乌油油的一头好头发，该掉了不少罢？（张爱玲：金锁记）

（100）a. 当一种思想变成一股思潮的时候，便应当考虑（* 了）更深刻的原因了。（刘军：张伯驹和陈毅的交往）

b. 他应当放宽了心（了）。（老舍：四世同堂）

（101）a. 不行，这一次应该另外找（* 了）一个地方了。（施蛰存：三个命运）

b. 他虽不识字，可是大家整天念语录，他听也应该听会（了）几段了。（汪曾祺：讲用）

有时宾语动词后面虽然可以加上“了$_1$”，但有无“了$_1$”却决定了该助动词表示的是必要还是必然。比较：

① 下面这两个例子似乎是例外：

买回来，她嘱咐他把什么该剥了皮，把什么该洗一洗。（老舍：骆驼祥子）

论你的心术，罪恶，我应当杀了你！（老舍：四世同堂）

不过其中的“了”似乎不是表示体，而是表示结果，因为它们都可以换成结果补语“掉”。

（102）星星应该听到了他的箫声，星星应该偷偷来到他的脚旁。（余华：夏季台风）

第一个“应该”表示必然，第二个表示必要。又如：

（103）a. 秦干事想，[应该离开玛丽镇]了。（赵琪：告别花都）（必要）

b. 秦干事想，应该[离开了玛丽镇了]。（必然）

此例 a 与 b 的层次不同。这说明，必然义助动词在句子中所处的层次要高于必要义，原因在于前者的主观性程度要高于后者。

6.3.5 根据上文所述可知，凡是处在从句结构中的必要类助动词只表示必要义，不表示必然义。比较：

（104）a. 幸好徐焕章早有打点，该使钱的地方使钱，该许愿的地方许愿……（邓友梅：烟壶）

b. * 该使了钱的地方使钱，该许了愿的地方许愿。

（105）a. 今天应该交作业的同学留下来。

b. * 今天应该交了作业的同学留下来。

（106）a. 白天应当做的事情没有做完，便愿意晚上补做一点儿……（李广田：礼物）

b. * 白天应当做了的事情没有做完，便愿意晚上补做一点儿……

我们统计了 4600 万字的当代小说发现，“该干的”有 23 例，而“该干了的”则 1 例也没有，对比是很明显的。

此外，处在“的”字词组中的必要类助动词也只表示情理上的必要，而不表示认识上的推测（必然）。比较：

（107）a. 该交的我都交清了。（邹志安：哦，小公马）

b. ？该交了的我都交清了。

（108）a. 忘记了应当记住的，却记住了可以忘记的。（刘心武：心里难过）

b. * 忘记了应当记住了的，却记住了可以忘记的。①

6.3.6　按照上文所述，可以说，必要类助动词如果带了小句宾语就只表示必要，而不会表示必然。比较：

（109）该我会（* 了）的没一样不会的。（王朔：刘慧芳）

（110）这话应该我们对你说（* 了），当然，你的事不是什么错误了。（王朔：枉然不供）

（111）我不像你，生了个胖儿子，应当你请（* 了）客。（陈放：天怒）②

6.4　小结

虽然从模态类型上看，必要和必然分别属于道义模态和认识模态，但二者的逻辑实质是相同的，即必然性（necessity）。后者的必然性是指，说话人根据已有的知识或信息推测句子所表达的命题必定为真；而前者的必然性则在于，它表达的是某种义务或社会规范，如果这种规范得到了遵守，那么句子所表达的事件就必定要发生。这就是为什么“该”类助动词大多同时表达必要和必然的根本原因。例如：

---

① 表示许可的助动词“可以”的宾语动词也不能有“了$_1$”。如：

（108）c.* 忘记了应当记住的，却记住了可以忘记了的。

“可以”虽然不属于必要类助动词，但许可和必要一样都属于根情态（root modality）。这可能说明，表示根情态的助动词的宾语动词都不能后附体助词“了$_1$”。

② 例（111）改成“［应当你请客］了”是可以说的，但其中的“了”就不是“了$_1$”而是“了$_2$”，二者的层次结构也不同，原式为“应当［你请客］”。

（112）每个公民都应该依法纳税。

表示“依法纳税”是“每个公民”的职责。如果某个公民遵守这个规范，那么他必然会依法纳税。如果每个公民都遵守这个规范的话，那么“每个公民都依法纳税”就是必然的了。

正因为必要和必然之间具有这种内在的逻辑联系，所以上文讨论的“该”类助动词都可以表达必要义和必然义这种现象就很好理解了。这种现象实际上也不是汉语独有的，在其他语言中也普遍存在。比如英语助动词 must（Coates 1983：7/14）：

（113）You must come tonight.（义务）

（114）I must have a temperature.（认识）

Bavin（1995）也指出，在非洲西尼罗河语族 Lango 语和 Acholi 语中，当体标记跟在义务标记的后面时，句子就会由义务义转变为认识义。如：

（115）Gin onongo myero gu-tuk odilo.

他们 过去非完成体 义务标记 单数第三人称 - 打 球

他们应该打球。

（116）Gin myero onongo gu-tuk odilo.

他们 义务标记 过去非完成体 单数第三人称 - 打 球

他们肯定打过球。

这与上文讨论的“该”类助动词与体助词“了$_1$”之间的选择限制是类似的。

这种从必要到必然的发展是语言中更普遍的从道义模态到认识模态演变的一种情形。（Heine 2002）其演变的机制很可能是从社会物质域到逻辑或认知域的隐喻转变的过程，关于这一点 Sweetser（1990）有详细的论述。

第七章　现代汉语必要动词比较研究

"应该"等必要类助动词都可以表达道义情态和认识情态，前者可称为必要动词。必要动词大致可以分为两个小类，二者的区别表现在程度特征、否定特征、提问方式、独立性、时间特征和语体分布等方面。在助动词研究中应区分同类词所表示的不同情态意义，并找出不同意义在形式和用法上的差别。对必要类助动词的考察，不但能加深对该类助动词的理解，还能加深对义务情态与认识情态之间关系的认识。

7.1　两类必要动词

马庆株（1988）所说的必要类助动词在语义上既可以表示必要情态，也可以表示必然情态。（见第六章）为叙述方便，我们分别称为必要动词和必然动词。①

必要动词因为都表示义务或必要，所以在许多情况下可以互换。比如下面的例（1a—g）意思就基本差不多：

（1）a. 女孩子<u>应该</u>像个女孩子的样，啊。（北京人在纽约）

b. 女孩子<u>应</u>像个女孩子的样，啊。

c. 女孩子<u>该</u>像个女孩子的样，啊。

---

① 需要注意的是，我们所说的"必要动词"不同于马庆株（1988）所说的"必要类助动词"，后者指 10 个"该"类助动词，前者则只是这类助动词的一种用法（必要）。

d. 女孩子应当像个女孩子的样，啊。

e. 女孩子要像个女孩子的样，啊。

f. 女孩子得像个女孩子的样，啊。

g. 女孩子须得像个女孩子的样，啊。

不过，必要动词并非总是能够互换；同时，即使能够互换也并不表明它们在句法形式、语义和使用等方面就完全相同。①

根据句法功能的不同，必要动词可以分为两类，一类包括“应”“该”“应该”和“应当”等，另一类包括“要”“得（děi）”“须得”和“必得”等。我们分别称为必要 A 类和必要 B 类。这两类动词在句法功能和使用上存在很多不同。

7.2 程度特征

必要 A 类和必要 B 类在程度特征上不同，前者可以受程度副词修饰，而后者则不能。② 比较：

（2）平日最应/*最得/*最须得/*最必得尊敬的不是妈妈与先生么？（老舍：牛天赐传）

（3）推想起来，这是很应该/*很得/*很须得/*很必得跟着发生的问题……（鲁迅：二心集）

（4）太应该/*太得/*太须得/*太必得听说过了。（编辑部的故事）

（5）我想着你身子单弱，渐渐天凉起来，很该/*很得/*很须

① 从符号的区别性角度看，语言中不可能存在意义和用法都完全相同的两个词。

② “得（děi）”能受“颇”修饰，但其中“颇”不能换成其他程度副词。如：

因此，她才越觉得有点意思，她颇得用点心思才能拢得住这个急了也会尥蹶的大人，或是大东西。（老舍：骆驼祥子）

得/*很必得补一补……（白先勇：玉卿嫂）

（6）从十八到二十五岁这一段，最应当/*最得/*最须得/*最必得注意抵抗肺痨。（老舍：小型的复活）

能否受程度副词修饰是谓词量特征的一种句法表现，因此可以说，B 类必要动词属于定量动词，A 类属于不定量动词。这种差别在不同助动词和同一助动词的不同意义之间有系统的表现。

不过，必要动词受程度副词的修饰并不常见。下表是对 4000 万字语料的统计结果：

表 7.1　必要动词受程度副词修饰的数量

	应	该	应该	应当	得（děi）	须得	必得
数　量	4	8	12	4	0	0	0

7.3　否定特征

在否定特征上，A 类和 B 类也存在对立。前者可以受“不”否定，而后者除“要”外，都不能用“不”否定。[①] 比较：

（7）这个批准权不应/*不得（děi）/*不须得/*不必得在财政部，而应在中央政治局。（邓小平文选）

（8）每个革命的同志，都不应该/*不得（děi）/*不须得/*不必得跟着瞎说。（毛泽东选集）

（9）你不该/*不得（děi）/*不须得/*不必得在借钱的时候，

① 吕叔湘（1980：143）也指出，“得（děi）”表示否定用“不用、甭”，不能用“不得”。

这么露骨地恭维债权人。（北京人在纽约）

（10）你不应当/*不得（děi）/*不须得/*不必得那么顶撞人家！（老舍：二马）

"要"表强义务时可以用"不"否定，表弱义务（即事理上必要）时则不行。比较：

（11）a. *过河不得（děi）/? 不要有船。

b. 过河不需要有船。

在反问句中，表义务的"得（děi）"的否定才可以说"不得"。不过这种"不得"其实是"不是得"的省略。因此它实际上是一种语用否定，而非一般的语义否定。如：

（12）再说，见了晚一辈或两辈的孙子们，不（是）得给二百钱吗？（老舍：正红旗下）

因此，两类必要动词的否定式不同。A 类的否定既可以用"不"，也可以用"不需要""不必"等；而 B 类的否定则只能用后者，不能用前者。

除了能否受程度副词修饰外，能否用"不"否定实际上也是谓词的量特征的一种句法表现。这进一步体现了上文所说的 A 类和 B 类分别属于不定量和定量的不同。

两类必要动词在否定上的共同点是，都不能受"没"的否定。如：

（13）a. 昨天我不应/不应该/不该/不应当/*不要/*不得（děi）/*不须得/*不必得去。

b. *昨天我没应/没应该/没该/没应当/没要/没得（děi）/没须得/没必得去。

这是因为，"没 V"是对完成体"V 了"的否定，而所谓义务或必要则都是未然的，因此二者在语义上相互冲突。[①]

7.4 提问方式

由于A类动词能用“不”否定，而B类动词不能，因此它们在提问方式上也不同。前者可以用“V不V”提问，后者则只能用“是不是”来提问（“要”除外）。比较：

（14）我们该不该/*得不得/*须得不须得/*必得不必得/是不是得（děi）/是不是须得/是不是必得重新开始生活？（谌容：减去十岁）

（15）我们的红领巾们，应不应该/*得不得/*须得不须得/*必得不必得/是不是得（děi）/是不是须得/是不是必得去帮助这样的母亲？（彭见明：如水的季节）

（16）我应当不应当/*得不得/*须得不须得/*必得不必得/是不是得（děi）/是不是须得/是不是必得走呢？（老舍：四世同堂）

A类动词中单音节的应该有两种提问方式：“V不V”和“是不是V”。如果考虑其宾语，则至少有五种提问方式：V不VO、VO不V、VO不VO、是不是VO、VO还是不VO。如：

（17）你说该不该骂？（俞平伯：风化的伤痕等于零）

（18）凭他犯的罪过，该送法院不该？（老舍：春华秋实）

（19）你说该骂不该骂？（俞平伯：风化的伤痕等于零）

（20）我是不是该离开了？（余华：战栗）

---

① Coates（1983）指出，英语助动词must在未完成体中可以表示义务，而当它与完成体（perfective aspect）共现时则转化为必然义。比较：

a.He must come here tomorrow.（他明天必须来）

b.He must have come here yesterday.（他昨天肯定来过）

（21）可我没吱声，我没说该骂还是不该骂。（尤凤伟：石门夜话）

如果再加上宾语提前的形式，则有六种，即“OV 不 V”。如：

（22）a. 你们说把荣毅仁选上副市长该不该？（薛建华：荣老板与中共领袖的握手）

b. 你们说该不该把荣毅仁选上副市长？

不过，单音节必要动词最常用的提问方式是“V 不 VO”。我们在 4000 万字的语料中共找到 128 例用于正反问的“该”，其中“V 不 VO”式就有 77 个，约占 60%。这一点可以从音节数量的角度得到解释，因为相对于其他形式而言，“V 不 VO”长度最短，因而最经济。

A 类动词中双音节的则有三种提问方式，即：AB 不 AB、A 不 AB、是不是 AB。如果考虑其宾语，则应有七种，即：AB 不 ABO、A 不 ABO、ABO 不 AB、ABO 不 ABO、OAB 不 AB、是不是 ABO、ABO 还是不 ABO。不过在实际语料中，我们只发现了第 1、2、3、5 和 6 等五种。如：

（23）他应当不应当在红旗上签名呢？（老舍：无名高地有了名）

（24）大学生不存在应不应该下海的讨论。（张炜：仍然生长的树）

（25）今天是星期日，应当办公不应当？（老舍：四世同堂）

（26）你看，我们把大家找回来参加“五反”，应该不应该？（老舍：春华秋实）

（27）伯伯，你是不是应当躲一躲呢？（老舍：四世同堂）

这一点从经济原则的角度也很好理解。因为在这七种形式中，4、7 最长，因而也最不经济。

在上述实际出现的五种形式中，最常用的为“是不是 ABO”。

在上述 4000 万字的语料中，我们分别找到 28 例正反问的“应该”和 23 例正反问的“应当”，其中“是不是 ABO”各有 22 例和 16 例。

B 类必要动词由于不能用“不”否定，因此不管是单音节的还是双音节的都只有一种提问方式，即“是不是 V”（单音节）或“是不是 AB”（双音节）。

在上述 4000 万字的语料中，我们统计了两类必要动词的三种提问方式的数量。结果如下：

7.2　必要动词的三种提问方式的数量

	应	该	应该	应当	要	得（děi）	须得	必得
A 不 AB	—	—	5	0	—	—	0	0
AB 不 AB	0	77	0	4	245	0	0	0
是不是 AB	0	23	22	16	43	6	0	0

这说明：1）“应”“须得”和“必得”很少用于正反问；2）虽然 A 类必要动词和“要”都能用“V 不 V”“是不是 V”提问，但单音节的倾向于用前者，双音节的则倾向于用后者。

7.5　独立性

7.5.1　A 类动词中“该”“应该”和“应当”可以单独后附“的”构成“的”字词组，而“应”和 B 类动词则不行。① 比较：

（28）他是“全国优秀教师”“全国十佳民办教师”“全国劳动模范”，完全可以歇下来，享受本该 /* 应 /* 要 /* 得 /* 须得 /* 必得

① “该”不能光杆作定语，前面一般要有副词等修饰成分。如：享受本该 /* 该的待遇。

的待遇……（人民日报，1995.6.20）

（29）准会的，这是应该/*应/*要/*得/*须得/*必得的事。（蒋子龙：赤橙黄绿青蓝紫）

（30）我该来参见校长，这是应当/*应/*要/*得/*须得/*必得的规矩。（钱钟书：围城）

不过，必要动词很少作定语，而且必须带定语标志“的”。我们在上述4000万字的语料中，才找到12例“应该”和2例“应当”作定语的例子。比较：

（31）应该的/*应该事情太多了，大家都能做到吗？（人民日报，1995.5.4）

7.5.2　A类动词中“该”“应该”和“应当”可以出现在“是……的”结构，而“应”和B类动词都不能。比较：

（32）鱼的贪食自然是不该/*应/*得/*须得/*必得的……（靳以：渔）

（33）既然书记帮了这么大忙，感谢是应该/*应/*得/*须得/*必得的。（阿城：棋王）

（34）但既然事关亿万消费者生命健康，下功夫去做也是应当/*应/*得/*须得/*必得的。（人民日报，1995.6.21）

我们统计了上述语料中出现在“是……的”的必要动词发现，“该”有2例，“应当”有15例，“应该”有93例。

7.5.3　A类动词除“应”外，都能独立使用①；而B类动词则都不能。比较：

① 吕叔湘（1980：551）也指出，“应该”“应当”可以单独回答问题，而“应”不能。实际上这种差别存在于所有必要动词中。

（35）这些年呢，连蒙带骗，我也攒了两钱儿，干点好事儿，应该/*应/*要/*得/*须得/*必得。（编辑部的故事）

（36）你也老大不小的啦，应当，应当/*应/*要/*得/*须得/*必得。（老舍：四世同堂）

（37）我多干点应当/*应/*要/*得/*须得/*必得的。（王朔：枉然不供）

7.5.4 “应”不能带小句宾语，其他必要动词都可以。[①] 比较：

（38）说到眼神，就该/*应你闭上嘴了。（老舍：四世同堂）

（39）这事儿得/*应麦卡锡先生来办吧。（北京人在纽约）

（40）但人如何能自然会好呢，有时须得/*应同伴们去提醒他，这是“淑世”方法之一。（俞平伯：为《中外文丛》拟创刊词）

（41）他想跟我同房，必得/*应我招呼他才行。（刘心武：秦可卿之死）

上述四点说明：1）A 类动词普遍比 B 类动词自由；2）在必要动词中“应”是最不自由的。

助动词独立性的强弱可能与其语法化程度有关，语法化程度越高，其动词性越弱，因而黏着性越强，也就越不自由。此外，可能与其口语性高低也有关（见下文）。

7.6　时间特征

在句子的时间特征上，上述 A、B 两类必要动词也存在对立。A 类可以自由地与表示过去时间的词语共现，而 B 类与过去时间

① 吕叔湘（1980：551）也指出，“应该”“应当”后面可以用小句，“应”不能。

词语的共现则很受限制。比较：

（42）a. 昨天你就应/该/应该/应当回家。

b. * 昨天你要/得/须得/必得去。

（43）a. 昨天你要早点去就好了。（假设）

b. * 昨天你得/须得/必得早点去就好了。（义务）

当B类动词不是表示说话人的观点，而是客观报道某种义务时，则可以用于过去时间。比较：

（44）a. 婚姻大事要/得/须得/必得由父母做主。

b. 以前婚姻大事要/得/须得/必得由父母做主。

例（44a）表示说话人的一种观点，而例（44b）则是对某个过去客观存在的道义事实的报道。即：

a. 认为：义务［婚姻大事由父母做主］→说话人同意［婚姻大事应该由父母做主］

b. 报道：义务［婚姻大事由父母做主］→存在义务［婚姻大事应该由父母做主］

这种不同表现在形式上，例（44a）可以充当“认为”“主张”等断言动词的宾语小句，而例（44b）则不能。比较：

（45）a. 我/他认为/主张婚姻大事要/得/须得/必得由父母做主。

b. * 我/他认为/主张以前婚姻大事要/得/须得/必得由父母做主。

上述两种用法实际上是两种不同的言语行为，即断言（assert）和叙实（report）。[①] 这说明，不同的言语行为对情态词的用法有

① 关于断言动词，见下文第十一章。

影响。

7.7　语体

A、B 两类必要动词在语体上也存在不同。最明显的是“得（děi）”一般只用于口语中，而其他必要动词都既可以用于口语，也可以用于书面语。① 如：

（46）再不饿，也得吃点菜。（北京人在纽约）

（47）人民法院审理离婚案件，应当/*得进行调解；如感情确已破裂，调解无效，应/*得准予离婚。（中华人民共和国婚姻法）

吕叔湘（1980，551）认为，“应”只用于书面语。实际上“应”也可以用于口语。如：

（48）“我这人不爱说假话，心里怎么想的，嘴上就怎么说。不怕得罪人！我一见你就觉得不应该——您不应是一中国人！”“那我是什么人啊？”“您就不该是人。”“怎么讲？”“委屈！听说过仙风道骨么？那就是说您。”（王朔：你不是一个俗人）

虽然大多数必要动词既可以用于口语，也可以用于书面语，但它们在不同语体中的使用频率是不同的。我们统计了五种语料，结果如下：

① 吕叔湘（1980：143）也指出，“得（děi）”用于口语。

7.3 必要动词在不同语体中的出现频率（次 / 万字）

	剧本	小说	散文	学术	法规	合计
字数（万字）	59	216	328	201	105	909
应	0.2	0.6	1.5	7.1	9.6	3.3
该	4.5	3.3	2.5	2.7	9.5	4.3
应该	2.5	1.7	2.2	2.9	0.1	1.8
应当	2.6	1.7	1.0	1.1	4.3	2.1

这说明：一、“应”是个书面语词。因为在非正式语体（如剧本和小说）中，它的使用频率要远低于“该”“应该”和“应当”等，而在正式语体（如学术和法规）中则正好相反。二、“该”比“应该”“应当”常用。因为除学术语体外，“该”的使用频率普遍比它们高。三、在散文和学术语体中，“应该”的使用频率要高于“应当”，而在法规语体中前者则远远低于后者。我们知道，散文和学术是两种说理性语体，而法规则属于典型的指令性语体。因此可以说，“应该”倾向于说理，而“应当”则倾向于命令。

7.8 小结

必要动词可以分为 A、B 两个小类，大体上 A 类是不定量的、独立性高的，可以用于口语和书面语；B 类是定量的、独立性低的，主要用于口语。二者在句法形式和使用上有系统的差别。

在助动词研究中，我们应该注意区分同类助动词所表示的不同情态意义，并找出不同意义在句法形式和使用上的系统差别。因为一方面，只有表示同一情态意义的助动词之间才有可比性；另一方面，只有区分不同情态意义的比较研究才有实际价值。

关于必要类助动词，实际上有三个问题值得考察：一是它们在表达必要义时有何不同；二是它们在表达必然义时有何差别；三是必要义与必然义之间又有什么不同。对这三个问题的考察，不但能加深对该类助动词的理解，还能加深对义务情态与认识情态之间的关系的认识。

第八章　人称、生命度和动词特征对助动词意义选择的影响

8.1　情态词的多义性的制约因素

情态作为一种跨语言的语义范畴，具有两个很明显的特征，一是在世界不同语言中它可以通过不同的形式或手段来表达，如形态的、词汇的、句法的或韵律的等（Bybee & Suzanne 1995：2）；二是在许多语言中，同一个情态词可以表达不同的情态意义，这就是所谓的情态词多义性（polysemy）现象。如英语情态助动词（modal auxiliary）就可以表达不同的情态意义。不过，情态词虽然具有多义性，但是它们对不同意义的表达却不是任意、无规则的，而是有条件、有选择的，各种不同因素都会对情态词的意义表达产生影响。

影响情态词意义选择的因素很多，从性质上说有句法的、语义的和语用表达的等，从来源上说有主语的、动词的、时体的和句式句类的等。本章以几个常用助动词为例，讨论主语的人称、名词的生命度和谓词的自主非自主三个因素对助动词意义选择的影响。

8.2　不同人称的影响

8.2.1　当助动词的主语为指人名词时，主语在人称上的不同对助动词的意义会有影响，虽然这种影响不是绝对的，而是一种倾向。人称差别对不同的助动词的影响可能不同，因此我们首先要对不同的助动词分别进行考察，然后在此基础上概括出一些共同的倾向性。

8.2.2　助动词“能”可以表达能力、许可、根可能（客观可能）和认识可能（主观可能）等情态。（见第二章）但在陈述句中当主语为第一和第三人称时，“能”多表示能力义或根可能义，一般不表示许可义。当主语为第二人称时，除了在疑问句中以外，“能”倾向于表示许可义。比较：

（1）a. 我 / 他不能喝酒。（根可能）

b. 你不能喝酒。（许可）

例（1a）既可以表示能力义（我 / 他没有喝酒的能力），也可以表示根可能（外在条件不允许我 / 他喝酒）。而例（1b）则一般只表示许可义（我不允许你喝酒）。后者能用“可以”替换而意思不变，而前者用“可以”替换后则不再表示能力，而是表示许可。因为助动词“可以”一般不表示能力意义。比较[①]：

（2）a. 我 / 他不能喝酒≠我 / 他不可以喝酒。

b. 你不能喝酒≈你不可以喝酒。

例（2a）可以转换为可能补语式“V 得 / 不了”，而例（2b）不行。因为“V 得 / 不了”只表能力和可能，而不表许可。比较：

---

① “≈”只表示左右可以转换且意思基本相同，并不是说二者完全相同。

（3）a. 我 / 他不能喝酒≈我 / 他喝不了酒

b. 你不能喝酒≠你喝不了酒。

我们在1850万字的语料中找到用于陈述句的“我能”295例，其中表能力和根可能各有244和51例，分别占83%和17%。

8.2.3　助动词“要”可以表达义务、意愿和认识三类情态意义。（见第三章）当主语是不同的人称时，“要”倾向于表达的情态类型往往也不同。比较[①]：

（4）a. 我要喝水。（意愿）

b. 你要喝水。（义务）

c. 他要喝水。（意愿 / 义务）

下表是对59万字剧本语料的统计结果：

表8.1　不同人称的“要”的意义分布

	总数	义务	意愿	认识
我要VP	92	3	80	9
你要VP	60	30	28	2
他要VP	14	1	13	0

这说明，主语为第一人称的“要”绝大多数表示意愿；主语为第二人称的“要”多数是表示义务义，即说话人要求听话人实施某种动作行为（意愿用法虽然也有28例，但其中有21例是疑问句，除此之外只有7例是表示意愿，可见这种用法还是少数）；主语为

① 例（4b）如果换成条件句或前后对举，“要”也可以表示意愿。如：
那你以后，你要干什么就干什么，我也不管你了……（我爱我家）
你要听文的我不会，你要听武的我还没学成，半文半武我也唱不了哇。（相声·学评戏）

第三人称的“要”则多用于表达意愿。①

8.2.4　助动词“会”可以表达两类情态，即能力和认识可能（主观推测）。主语人称对“会”的影响表现在两个方面：一是主语为不同人称的“会”虽然都可以表达能力义，但它们所出现的句类不同，这种差别表现在“我/他会VP”与“你会VP”最常出现的句类的对立上。前者既可以是陈述句，也可以是疑问句；而后者则多为疑问句。试比较：

（5）a. 我/他会说法语。（能力—陈述）

b. 你会说法语？（能力—疑问）

c.? 你会说法语。（能力—陈述）

例（5b）与例（5c）的对比说明，第二人称主语的“会”最自然的理解是疑问而非陈述。

下表是对2000万字语料的统计结果：

表8.2　表能力的“会”在陈述句和疑问句中的比例

比例 / 主语	总数	陈述句		疑问句	
		数量	百分比	数量	百分比
我会VP	674	75	11.1%	10	1.5%
你会VP	474	23	4.9%	48	10.1%
他会VP	677	62	9.2%	5	0.7%

由此可见，主语为第一、第三人称的表能力的“会”多出现在

① 口语对话中“你要”的“要”多为假设连词，而非助动词，因为大多可以换成“要是”“如果”等。如：

你要/要是掺和，我跟你没完。（编辑部的故事）

你要是/要再不改变态度，我们就不客气了啊！（同上）

陈述句中（第一人称的陈述句是疑问句的 7.4 倍，第三人称的陈述句是疑问句的 13 倍）；而第二人称的表能力的“会”则多出现在疑问句中（疑问句是陈述句的 2.1 倍）。

二是当“会”表示认识可能义时，主语人称的不同使得句子的语用效果也不同。“他会”是对“他”将要实施某种行为的客观陈述，“你会”是对听话人未来情况的主观推断，而“我会”则多为说话人对自己将要做某事的主观承诺。[①] 比较：

（6）a. 中午饭我会找个人回来给你做。（北京人在纽约）

b. 你会为了这样的事情来找我。（同上）

c. 他会是个好丈夫，而且他会成功。（同上）

8.2.5 助动词“可以”主要表达三种情态：许可、根可能和评价[②]，有时也可以表示能力[③]。主语为第二人称时，“可以”主要表达许可义，有时也能表达根可能和能力义，但不表达评价义。如：

（7）大卫：不用谢，你可以走了。（北京人在纽约）

（8）听我口音，你可以知道我是河南人。（张贤亮：肖尔布拉克）

（9）你不是说你可以使录音机不接电源转动起来吧？（王朔：痴人）

这三例分别表示许可、根可能和能力。下表是对 370 万字语料（老舍小说、王朔小说和 4 个剧本）的统计结果：

---

① 熊文（1999）认为，主语为第一人称的“会”在表示可能义时，带有意愿的色彩。

② 吕叔湘（1999，337—338）认为“可以”能表示“可能”“有某种用途”“许可”和“值得”等意义。其中前两种即为根可能，“值得”则属于评价类情态。

③ 吕叔湘（1980：369）指出，“‘可以’以表示可能为主，”但“有时也表示有能力做某事”。如：他很能吃，一顿可以吃四大碗。

表 8.3　“你可以 VP”的意义分布及比例

	总数	许可义	根可能义	能力义	评价义
数　量	157	129	26	2	0
百分比	100%	82.2%	16.5%	1.3%	0%

当主语为第一人称时，“可以”主要表达根可能，很少表达许可和能力，也不表达评价。如：

（10）你在听吗？我可以听到你的呼吸声。（北京人在纽约）

（11）处长，我可以请示一下吗？（老舍：茶馆）

（12）我可以做得比那两个小子都豁达。（王朔：一半是火焰，一半是海水）

这三例分别表示根可能、许可和能力。下表是对 370 万字的语料的统计结果：

表 8.4　“我可以 VP”的意义分布及比例

	总数	许可义	根可能义	能力义	评价义
数　量	181	19	156	6	0
百分比	100%	10.5%	86.2%	3.3%	0%

表 8.4 和表 8.3 的对比说明，第二人称主语“可以”与第一人称主语“可以”在主要表许可还是根可能这一点上正好相反。

实际上，造成这种差别的真正原因在于许可和根可能之间的不同。虽然从语义上看，许可就是允许、不禁止；但是作为一种言语行为，“许可”的实施是需要一定的合适性（felicity）条件的，最典型的许可行为就是说话人允许听话人做某事。而自己允许自己做某事无论是从情理上看，还是从语用上看都是不可理解的。比较：

（13）大卫：不用谢。你可以走了。（北京人在纽约）

（14）起明：我可以走了。（同上）

前者最自然的理解是表示许可，即说话人“大卫”允许听话人离开；而后者则不是说话人“起明”允许自己走了，而是外在的客观条件不阻止他离开。[①]

“我可以 VP”绝大多数表示根可能义，包括两种情况：一种只表示某种客观的可能性，即由于外在的客观环境或条件允许或不阻止，使得“我”实施 VP 所表示的动作行为成为可能。这种与表根可能的“你可以 VP”是一样的。如：

（15）因为离他很近，我可以看出他不但身量高，而且是很宽。（老舍：猫城记）

（16）从他身上，你可以看见坦白从宽的政策！（老舍：春华秋实）

另一种从语义上看是表示客观可能，但从语用效果上看实际上是表达说话人的一种承诺行为，特别是在对话中。这是主语为第二人称的“你可以 VP”所没有的。如：

（17）你要去医院不，我可以叫个救护车。（北京人在纽约）

主语为第三人称的“可以”除了不表达评价意义（这一点与第一、第二人称相同，原因见下文）外，其语义没有明显的倾向性。这是因为相对于第一人称（代表说话人）和第二人称（代表听话人）而言，第三人称所表示的事物并不是话语的直接参与者，因而对话语没有明显的制约作用。

8.2.6　由上文所述可知，人称的不同对助动词意义选择最明

---

① 范开泰先生向笔者指出：“我可以 VP”表“许可”是有特殊的语用条件的，也有特殊的语用意义。

显的影响是，当主语为第二人称（听话人）时，除“会”以外，其他助动词多倾向于表达道义情态（义务、许可），从句类看祈使句最常见，从语用表达看多为命令、要求或建议等指令性话语。而其他人称对助动词的意义选择则没有明显的制约作用。

表 8.5　助动词意义与主语人称之间的选择倾向

	第一人称	第二人称	第三人称
能	能力、根可能	许可（否定）	能力、根可能
要	意愿	义务	意愿
会	能力（陈述）、承诺	能力（疑问）、推断	能力（陈述）、陈述
可以	根可能	许可	许可、根可能

8.3　生命度高低的影响

8.3.1　生命度（animacy）是名词的一种特征，即该名词所指称事物有生性（alive）的高低。通常分为有生（animate）和无生（inanimate）两种，但生命度是一种渐变的、连续的系统。名词按照生命度的高低可以排列成一个等级（animacy hierarchy）（Croft 1990：112）：第一、第二人称代词＞第三人称代词＞专有名词＞指人普通名词＞非人有生普通名词＞无生普通名词。

名词生命度的区别在有些语言中用形态手段来表示，如斯拉夫语言；或者影响与该名词相联系的动词的形式，如班图语言（Bussmann 1996：25）。在汉语中名词生命度显然只是一种语义上的区分，不过这种差别对句子的语义是有影响的，特别是在助动词的语义理解中。下面考察生命度高低对助动词“能够”“会”和“可以”意义选择的影响。①

8.3.2　助动词“能够”可以表示能力、许可和根可能三类情态意义。②如下面三例所示：

（18）这句后没人能够驳倒，没人能把它解释开；那么，谁能拦着祥子不往低处去呢？（老舍：骆驼祥子）

（19）你这就得算肉麻了，你怎么能够，对我，一个平生最恨个人崇拜的公民，说出这等不知羞耻的话？（王朔：你不是一个俗人）

（20）他甚至想起马上就去娶亲，这样必定能够断了虎妞的念头。（老舍：骆驼祥子）

与助动词“能”一样，名词的生命度也会对“能够”的能力义有影响。当主语为指人名词或代词时，它可以表示能力；当主语为非人有生名词时，其意义处在能力和根可能之间；当主语为无生名词时，它不表示能力，只表示根可能或许可。如：

（21）我能够预报地震，我能够预防火灾，早在重庆飞机失事以前我已经指出，航空管理处存在着问题！（王蒙：十字架上）

（22）（4—5个月）此时，婴儿能够用全手掌抓住偶尔碰到的东西。（中国福利会信息与研究中心网页）

（23）比如说，用手指着一个物体，对猿，鹦鹉，即使是狼来说都毫无意义，但狗能够意识到手指着的远处某物正是人所指示的。（华东师大心理学系网页）

（24）俄专家认为，这种药能够提高中风后脑细胞在缺氧条件

① 生命度高低对“能”和“要”的意义选择的影响，见第二、三章。

②《现代汉语词典》（第6版）认为，“能够”可以表示具备某种能力，或达到某种程度，也可以表示有条件或情理上许可（第941页）。所谓“达到某种程度”也属于能力，而“有条件”则属于根可能。

下的生存能力，阻止脑细胞死亡。（俄中信息港网页）

这四例主语的生命度逐渐降低，其中“能够”的意义也逐渐远离能力，而接近于根可能。

8.3.3　名词生命度对助动词“会”的意义的制约作用，最明显的是当主语为有生名词或代词时，“会”既可以表达能力义，也可以表达认识可能义。如：

（25）听说花狗会唱歌，萧萧说……（沈从文：萧萧）

（26）老主人也披衣出来了，我猜他是担心狗会咬我。（张承志：荒芜英雄路）

而当主语为无生名词时，“会”则只表达认识可能义，而不可能表示能力义。如：

（27）铁时间长了会生锈。

（28）油在水里会浮起来（引自张永利 2000）

（29）竟然还一本正经地大侃特侃了一番地会长草、天会下雨、鸟儿会飞、马儿会跑一类不言而喻的“真理”。

例（29）四个“会”中，前两个“会”表示认识可能，后两个“会”表示能力。[①]

名词生命度对“会”的影响与对“能”的影响很相似。这种制约作用可以体现在句子的转换形式上。比较：

（30）我会唱歌→我有唱歌的能力→我懂得唱歌的技巧

（31）狗会看家→？狗有看家的能力→？狗懂得看家的技巧

（32）天会下雨→＊天有下雨的能力→＊天懂得下雨的技巧

---

① 张永利（2000）把认识情态的“会”（他用的术语是“预断的‘会’”）分为三种：预测可能性、推论可能性和事实的客观认定。例（27）、例（28）“会”属于第三种，即对已经存在的事实作客观的认定。

8.3.4　上文讨论过人称对助动词“可以”的影响。从名词的生命度角度看，无论是第一、第二人称还是第三人称，它们有一个共同之处，那就是都是有生的（我们所说的第三人称不包括指示非人事物的“它”，原因见下）。因此可以说，主语为指人有生名词（或代词）的“可以”能够表示许可、根可能和能力义，但不表达评价义。

再看主语为非人有生名词或无生名词的“可以”的语义。与生命度对“能”“能够”的能力义的制约一样，非人有生名词作主语的“可以”处在能力与根可能之间。比较：

（33）狗可以看家→？狗有看家的能力→？狗有能力看家→狗有看家的可能。

当主语为无生名词时，“可以”主要表达根可能和评价义，而不能表示能力义。如：

（34）北京可以游玩的地方很多。

8.3.5　总之，只有当主语为有生名词时，助动词才可以表达能力或意愿义；当主语为无生名词时，助动词不能表能力或意愿，而只能表示根可能或认识可能这类命题情态。能力和意愿属于施事情态和动力情态。因此可以说只有当主语为有生名词时，助动词才能够表达施事情态和动力情态。

8.4　谓词宾语的语义特征的影响

谓词宾语（动词和形容词）对助动词意义选择的影响表现在三个方面：一是自主和非自主特征；二是积极和消极特征；三是动态和静态特征。

8.4.1　自主动词前面的“能”既可以表示能力，也可以表示可能；而非自主动词前面的“能”不能表达能力，只能表示可能（在陈述句中表示根可能，在反问句中才能表示认识可能，见第二章）。[①] 比较：

（35）a. 小王很能睡。（自主动词，能力）

b. * 小王很能醒。（非自主动词，* 能力）

（36）有时候他能忘了自己的姓，而忽然又想起来。（老舍：牛天赐传）（非自主动词，根可能）

（37）他能忘了自己的姓→ * 他有忘了自己的姓的能力→ * 他有能力忘了自己的姓

再看谓词的积极和消极特征的影响。当谓词宾语为积极义动词（如“活”）时，“能”既可以表示认识可能，也可以表示根可能。如：

（38）我只是想判断一下局势，如果他们现在没跟我，那说明我还能活几天。（王朔：玩儿的就是心跳）

（39）如果坚持“四人帮”思想体系的人将来掌权，你们也斗不过他们，你们能活多久啊？（邓小平文选）

例（38）“能”表示客观可能；例（39）“能”表示主观推测的认识义，其非反诘问（陈述）的说法是“你们不会 / 可能活多久”。

当谓词宾语为消极义动词（如“死”）时，“能”只表示认识可能，而不能表示根可能，在否定句中“能”才能表示否定的许可（即不许可、禁止）。比较：

---

① 见马庆株（1988、1989）。不过他所谓的“客观可能”包括根可能（客观可能）和认识可能（主观可能）这两种情态，其“主观可能”则指能力和意愿等动力情态。朱德熙（1982）与此类似。关于这一点也可以参见柯理思（2003）。

（40）“马威！我死不了哇？”

“哪能死呢！”（老舍：二马）（认识可能）

（41）爹爹，你不能死，你不能死。（金庸：连城诀）（许可）

（42）Q：他能死吗？

A_1：能 / 不能死。（是非问：许可）

A_2：会 / 不会 / 可能 / 不可能死。（反诘问：认识可能）

（43）Q：他能活吗？

A_1：能活 / 活不了。（是非问：客观可能）

A_2：会 / 不会 / 可能 / 不可能活。（反诘问：认识可能）

最后，再看形容词的动态和静态的影响。“能”与动态形容词组合时大多表主观推断（认识可能），有时也可以表客观可能（根可能），不过多见于肯定句，在否定句中则多用可能补语式“V 不了”。比较：

（44）你说，我这样老顶撞他，他对我的印象能好吗？（冯骥才：一百个人的十年）（认识可能）

（45）Q：这种病能好吗？（客观可能）

A_1：？这种病不能好。

A_2：这种病好不了。

我们统计了 2000 万字的语料发现，“好不了”有 22 例，而“不能好”只有 2 例，且都是疑问句。①

当“能”与静态形容词组合时，则只表认识可能。这种用法多出现在反问句中，其否定的回答只能用“不会 / 可能 V”或“V 不

① “不谈恋爱就不能好了？”我反问科长，“只要两人乐意，你管人家采取什么形式呢。”（王朔：痴人）

坏了，明天不知能不能好？（王小波：绿毛水怪）

了”，而不能直接用“不能V”。比较：

（46）真的假不了/？不能假，假的也真不了/？不能真，往往越是假的就越说自己是真的越是精神病就不承认是精神病越是伟大的人就越爱喊人民万岁。（王朔：千万别把我当人）

（47）只要她好好的干，她的生意必定错不了/*不能错。（老舍：四世同堂）

8.4.2　与“能”一样，自主动词前面的“能够”也可以表示能力，而非自主动词前面的“能够”则只能表达根可能。比较：

（48）我能够看外文资料→我有能力看外文资料→我有看外文资料的能力。（能力）

（49）我能够看到外文资料→？我有能力看到外文资料→？我有看到外文资料的能力→我有条件看到外文资料→我有看到外文资料的条件（根可能）

（50）我们这里是海边，经常能够吃到海鲜。（根可能）

大多数形容词是非自主的，因此其前的“能够”也只能表示根可能或许可（否定句），而不表示能力。如：

（51）对于演员来说，最基本的要求也是最难的要求就是，不能够假和虚，但又要达到一定的高度。（深圳新闻网）（许可）

（52）哪怕是我的肾给他，他能够好，活下去，我当场就死，也愿意。（中央电视台“健康之路周刊”网页）（根可能）

而“快”等少数自主形容词前面的“能够”可以表示能力。如：

（53）一百米短跑我能够比小王快一秒。

8.4.3　当谓词宾语为自主动词时，“要”可以表示意愿、义务和认识三类情态；当宾语为非自主动词时，“要”则只能表示义务或认识，而不能表示意愿。如：

（54）我们要看朵朵的白云，但并不想在云隙里钻出钻进。（梁实秋：旅行）（自主，意愿）

（55）我们要看到这个大局。（邓小平文选）（非自主，义务）

（56）我们现在就要看见这样的一座茶馆。（老舍：茶馆）（非自主，预测）

不过，在口语中经常能见到“要+非自主动词”表示命令或要求，而命令和要求是一种典型的义务情态。实际上，非自主动词前面的“要”表示义务情态不是其本来的意义，而是从语用推理而来的语用含义。因为义务情态表达的是要求听话人或主语实施某种动作行为，其前提条件（适宜条件）是该施事能够控制该动作行为，而这恰恰与非自主动词是相反的。比较：

（57）a. 作为领导，要了解群众的困难。（自主动词）

b. 作为领导，要知道群众的困难。（非自主动词）

从表达效果看，二者都可以看作义务（对领导的命令或要求），但其来源不同。“了解”是自主动词，可以构成祈使句，因此可以表示要求。而“知道”是非自主动词（知道与否是一种知识状态而非人能控制的动作行为），因此不能构成祈使句，也就不能表达要求。从语用学角度看，例（57b）之所以解读为与例（57a）相同的义务义，其推理过程是这样的：

I. 作为（合格的）领导，肯定知道群众的困难。（必然）

II. 所以你如果是一个（合格的）领导，那么你肯定也知道群众的困难。（必然）

III. 你当然要做一个（合格的）领导，所以你当然知道群众的困难。（必要+必然）

IV. 因此，如果你不知道群众的困难，那么你就不是一个（合

格的）领导。（必要）

由此不难理解，从表达效果看，例（57b）既可以是要求Ⅲ，也可以是批评Ⅳ。不过不管是要求还是批评都是间接的，因而也就相对更礼貌，更容易接受一些，因此可以说，这种推理是基于礼貌原则而来的语用推理。

同理，所有必要类助动词与非自主动词搭配而表达义务义都是由语用推理而来，而非其本义。如：

（58）但是日本应该明白，日本遭受原子弹轰炸，在很大程度上是发动侵略战争造成的恶果。（人民日报，1995.9.9）

此例既可以是推测（肯定明白），也可以是义务（理应明白），还可以是批评（本应明白实际不明白）。[①]

再看动词的积极、消极特征。积极义动词前面的“要”可以表示上述三种情态，消极义动词前面的“要”则大多表示认识义。比较[②]：

（59）我在死亡的边缘时极力要活、要活、要活下去，我肚子吃饱了却想死。（张贤亮：绿化树）（积极，意愿）

（60）春生，你要活着。（余华：活着）（积极，义务）

（61）曾深陷制假泥潭的云霄又要活了，但这回要靠自己的正派劳作。（人民日报，2000.12.5）（积极，推测）

（62）一个人只有要死的时候，才更有求生的欲望。（冯骥才：一百个人的十年）（消极，推测）

下表是对2000万字语料中的“要死”的统计结果：

---

① 不过由于转折连词“但是”的限制，例（58）更倾向于表达批评。

② 例（61）与例（59）“要”的谓词宾语虽然相同（积极义动词），但例（61）因为有“了$_2$”，所以其中的“要”只能表达认识情态。

表 8.6 “要死”中“要”的各种意义的分布及比例

	总数	意愿义	认识义	假设义
数　量	171	14	138	19
百分比	100%	8.2%	80.7%	11.1%

可见，消极义动词前面的“要”绝大多数是表示认识义（主观推测）的。

形容词的情况略有不同，虽然形容词绝大多数是非自主的，但它前面的“要”并非都不能表示意愿。当形容词为消极义时，它前面的“要”确实一般多表示认识必然，不能表示意愿；当形容词为积极义时，“要”则可以表示意愿。如：

（63）祥子的脸忽然红得像包着一团火，他知道事情要坏！（老舍：骆驼祥子）（消极，推测）

（64）不过，要干净利落就得花钱，剃剃头，换换衣服，买鞋袜，都要钱。（同上）（积极，意愿）

8.4.4　当谓词宾语为自主动词时，“会”可以表示能力和认识可能（即一般所说的预断）；当宾语为非自主动词时，“会”只能表示可能，而不能表示能力。比较：

（65）我告诉你们啊，我不会乘法之前就会看小人儿书了。（编辑部的故事）（自主，能力）

（66）如果她会活下去，我以后会看她。（毕淑敏：女人之约）（自主，可能）

（67）到镜子里看看你自己，你会看见一个漂亮的年轻人。（北京人在纽约）（非自主，可能）

（68）我想当我登上另一座峰峦时，一定会看到你们。（张炜：柏慧）（非自主，可能）

形容词前面的“会”只能表示推测，而不能表示能力。比较下面的例（69）与上面的例（53）：

（69）可是我没想到他会这么快。（北京人在纽约）

8.4.5　当谓词宾语是自主动词时，“可以”可以表示许可；当宾语为非自主动词时，“可以”则只能表示根可能。如：

（70）明明教咱们给转，咱们就可以看！（老舍：西望长安）（自主，许可）

（71）站在铺子外边，可以看见教堂塔尖的一部分，好象一牙儿西瓜。（老舍：二马）（非自主，可能）

（72）山顶上是白帝城，宝庆一家从船上就可以看到它。（老舍：鼓书艺人）（非自主，可能）

非自主的形容词前面的“可以”也只能表示根可能。如：

（73）我底病是可以好的。（李霁野：三幅遗容）

“可以”在自主形容词前面也多表示根可能。如：

（74）我不是这个意思，但他至少可以快一点儿离婚，可以果断一点儿。（皮皮：比如女人）

8.4.6　由上可知，只有当谓词宾语为自主动词或形容词时，助动词才能表达能力和意愿等动力情态，因为动力情态主要是指人的；当谓词宾语为非自主动词或形容词时，助动词主要表达可能和必然这类命题情态。

表 8.7　助动词的意义与动词特征之间的选择倾向

<table>
<tr><th></th><th></th><th>能</th><th>能够</th><th>要</th><th>会</th><th>可以</th></tr>
<tr><td rowspan="4">动词</td><td>自主</td><td>能力
可能</td><td>能力
可能</td><td>意愿、义务、认识</td><td>能力
认识可能</td><td>许可</td></tr>
<tr><td>非自主</td><td>根可能</td><td>根可能</td><td>义务、认识</td><td>认识可能</td><td>根可能</td></tr>
<tr><td>积极</td><td>根可能
认识可能</td><td>—</td><td>意愿、义务、认识</td><td>—</td><td>—</td></tr>
<tr><td>消极</td><td>认识可能</td><td>—</td><td>认识</td><td>—</td><td>—</td></tr>
<tr><td rowspan="4">形容词</td><td>自主</td><td>—</td><td>根可能、能力①</td><td>—</td><td rowspan="4">认识可能</td><td>根可能</td></tr>
<tr><td>非自主</td><td>—</td><td>根可能</td><td>—</td><td>—</td></tr>
<tr><td>积极</td><td>认识可能
根可能</td><td>—</td><td>意愿</td><td>—</td></tr>
<tr><td>消极</td><td>认识可能</td><td>—</td><td>认识必然</td><td>—</td></tr>
</table>

① 自主形容词前面的“能够”虽然可以表示能力，但大多数还是表示根可能，这一点与“能”类似。如：

我又去医院看了刘主任，希望他能够快点回来。（阎真：沧浪之水）

宁宁，妈妈真是想你。希望能快点把你接来。（北京人在纽约）

第九章　否定对助动词意义选择的影响

9.1　否定的类型

作为一种语言现象，否定的类型是很多的。Bussmann（1996）指出，与形式逻辑（formal logic）中否定是对命题的否定不同，自然语言中的否定既可以是句子否定，也可以是小句（从句）否定或成分否定。因此，否定的辖域（即范围）与否定词的位置、句子的重音和内外语境等因素都有关。从形式上可以区分三种不同的类型，即内部否定、外部否定和对比否定（外部否定的语用变体）。[①]

否定范畴的这种复杂性在助动词中也有体现。从形式上看有“不M”(M表示助动词，下同）和“没（有）M”以及可能补语否定式“V不C”（包括“V不了”）等。如：

（1）今天本来也请了董太太，董先生说她有事不能来。（钱钟书：围城）

（2）他只有一个女儿在美国，临死也没能赶回来。（毕淑敏：预约死亡）

（3）可是，她也猜到大女儿可能来不了。（老舍：正红旗下）

从否定的范围（辖域）看，有内部否定（如“M不”）、外部否定（如“不M”）和双重否定（如“不M不”）等。如：

---

① 关于内部否定和外部否定的差别，参见邓守信（2003）。

（4）国家大事咱能不关心吗？（编辑部的故事）

（5）跟你说，姨妈是咱亲人，不能把咱扔这儿不管。（北京人在纽约）

（6）就这么多渠道吧，都是这消息，那就不能不让人有点儿信了。（编辑部的故事）

从否定的性质看，有语义否定（又叫逻辑否定，否定词为“不”）和语用否定（否定词为“不是”）两种。前者否定句子所表示的命题的真值，后者不是否定命题本身，而是否定话语形式的合适性（felicity）。（沈家煊 1995）比较：

（7）共产党却不是国民党的敌人，国民党也不是共产党的敌人，不应该互相反对，互相“限制”，而应该互相团结，互相协助。（毛泽东选集）

（8）统一战线仍然是一个重要法宝，不是可以削弱，而是应该加强，不是可以缩小，而是应该扩大。（邓小平文选）

因此，语用否定实际上是一种“元语否定”（metalinguistic negation），即对语言符号本身的否定，而不是对其所表示的命题的否定。

这种种不同类型的否定，对助动词的意义都可能有影响。下面先分别考察几个常用助动词的否定情况，然后再进行概括。

9.2　否定对“能”的语义的影响

9.2.1　根据上文 2.3.1 节的讨论，不同意义的“能”的否定形式可总结如下（“±”表示不常用，下同）：

表 9.1　不同意义的“能”的否定形式

	不能	不可以	V 不 C	没能	不会	不可能
能　力	+	—	+	—	?	?
许　可	+	+	—	—	?	?
根可能	+	—	+	±	?	?
认　识	—	—	—	—	+	+

因此可以说，只能用“不能”“V 不 C”否定的“能”表示能力；只能用“不能”“不可以”否定的“能”表示许可；可以用“不能”“V 不 C”和“没能”否定的“能”表示根可能；只能用“不会”“不可能”否定的“能”表示认识（主观推断）。

9.2.2　上文已讨论过外部否定“Neg + 能”（Neg 为否定词），下面讨论内部否定“能 + Neg”和双重否定“Neg + 能 + Neg”。

9.2.2.1 先看内部否定。否定词“不”只能否定谓词，而“没（有）”则可以否定谓词和体词。因此“能”的内部否定有三种形式：能不 VP、能没 VP、能没 NP。“能不 VP”大多用于反问句，其非反问形式（包括回答）肯定的为“可以”或“会 / 可能”，而不能用“能”；否定的为“不能不”或“不会 / 不可能”，而不能用“不可以”或“不能”。因此，这个“能”多表示义务或认识（主观推测）。如：

（9）Q：我是一开车的，人家客人包我车我能不去么？（王朔：许爷）（许可）

A_1：可以不去 /? 能不去。（肯定）

A_2：? 不可以不去 / 不能不去。（否定）

（10）Q：这夫妻，你说，之间能不吵架吗？（编辑部的故事）

（推测）

A_1：？会/可能/？能不吵架。（肯定）

A_2：不会/不可能/？不能不吵架。（否定）

下表是对 370 万字的小说和剧本语料的统计结果：

表 9.2 “能不 VP”的各种意义的分布及比例

	能力	许可	根可能	认识	合计	百分比
陈述句	3	1	24	0	28	14.6%
反问句	0	61	8	91	160	83.3%
疑问句	0	1	2	1	4	2.1%
合　计	3	63	34	92	192	100%
百分比	1.6%	32.8%	17.7%	47.9%	100%	—

由此可见，从句类看，“能不 VP”最常用于反问句；从所表示的意义看，认识义最常见（约占一半）。在反问句中，“能不 VP”绝大多数表示认识和许可（各占 56.9%、38.1%，合计占 95%）。由于肯定的反问句实际表达的是否定，因此二者实际上就是表示不可能和不许可，如例（10）和例（9）所示。

“能没 VP”大多也是用于反问，因此也是表认识。如：

（11）祥子怎能没看见这些呢。（老舍：骆驼祥子）

→*祥子不能没看见这些。

→祥子不会/不可能没看见这些。

用于非反问时，“能没 VP”表示的是根可能义。如：

（12）张霁冷若冷霜的脸上泛起一阵潮红，她气得要命，可又一时说不出话，她要能没料到我会骂她。（王朔：橡皮人）

“能没 NP”只用于反问，且只能表示认识和许可。如：

（13）出门在外，谁能没点闪失？（陈建功、赵大年：皇城根）（认识）

→*出门在外，谁有能力没点闪失？

→？出门在外，谁也不能没点闪失。

→出门在外，谁也不会/不可能没点闪失。

（14）他想，我死了不打紧，可小宝怎么能没爹呢？老婆怎么能没丈夫呢？（方方：定数）（许可）

→？小宝不可以没爹，老婆不可以没丈夫。

→小宝不能没爹，老婆不能没丈夫。

9.2.2.2 再看双重否定。对任何助动词（M）来说，由内部否定、外部否定复合而来的双重否定，从逻辑上说有六种形式：

表 9.3　助动词 M 的双重否定形式

内部否定 / 外部否定	不 VP	没 VP	没 NP
不 M	不 M 不 VP	不 M 没 VP	不 M 没 NP
没 M	没 M 不 VP	没 M 没 VP	没 M 没 NP

而对“能”来说，常见的实际只有“不能不 VP”“不能没 NP”，偶尔也有“没能不 VP”，而其他形式则几乎不说。

“不能不 VP”中的“能”可以表示许可、根可能和认识义，但不表示能力。如：

（15）你可以不拿，但我不能不给。（北京人在纽约）（许可）

→你可以不拿，但我必须给。

（16）就这么多渠道吧，都是这消息，那就不能不让人有点儿信了。（编辑部的故事）（根可能）

→ * 那就必须让人有点儿信了。

→那就不得不让人有点儿信了。

（17）黑旋风掉下去了，你不能不知道吧？（老舍：龙须沟）（认识）

→ * 黑旋风掉下去了，你必须知道吧？

→黑旋风掉下去了，你不会 / 不可能不知道吧？

→黑旋风掉下去了，你应该知道吧？

不过，这三种意义的比例是不同的。下表是对 370 万字语料的统计结果：

表 9.4 “不能不 VP”的各种意义所占的比例

	总数	许可	根可能	认识
数　量	314	261	50	3
百分比	100%	83.1%	15.9%	1%

可见“不能不”绝大多数表示许可，其次是表示根可能，而表示认识义非常少。正因为如此，所以一般都认为“不能不”表示必须的意思，不过“必须”并非其全部意义。①

“不能没 NP”的“能”只表示许可义，相当于“必须有 NP”。限于篇幅，我们不再举例。

由于“能”的各种意义中只有根可能可以受“没”否定，因此“没能不 VP”中的“能”只表示根可能义。如：

① 吕叔湘（1980：368）认为，“不能不”表示必须、应该。当“能”表许可时，“不能不 = 不可不 = 必须”。副词“必须”只表义务，而“应该”除表义务外，还可表推测，因此仅指出“不能不”表必须是不够的。

（18）总之我是嘴皮子磨破也没能不叫她说那句“我就要我的伞”。（新浪校园网 2005 年 3 月 31 日）

9.2.3 “能”的语用否定形式是“不是能”。需要说明的是，“是不是能”虽然也包含“不是能”，但它不是“能”的语用否定形式。原因有二：一是它并不是否定，而是一种正反问；二是它都能转换为“能不能”。如：

（19）读书是不是能使人读聪明了？→读书能不能使人读聪明了？（王朔：千万别把我当人）

（20）我看你在我这儿是不是能变聪明起来。→我看你在我这儿能不能变聪明起来。（北京人在纽约）

虽然“能”的语用否定形式为“不是能 VP”，但反过来后者表示的并不都是语用否定。从否定对象（否定焦点）看，“不是能 VP”有四种情况：第一，否定的对象是“能 VP”。由于各种意义的“能”（认识义除外）都可以用“不”来否定，因此它基本上可以转换为“不能 VP”。如（黑体字表焦点，下同）：

（21）上级不是能**天天看到**的，下级也不是能**天天看到**的。→上级不能天天看到，下级也不能天天看到。（邓小平文选）（根可能）

第二，否定的对象是“能”后面的动词宾语 VP。如：

（22）一个疮，因为能引起对全身的注意，也许就能救——能**救**！不是能**害**——一条命！（老舍：杀狗）

第三，否定的对象是助动词“能”本身。如：

（23）我不是**能**来，而是**必须**来

第四，表面上否定“能 VP”，实际上是一种反问。如：

（24）买一块钱不是能在家里拗一天了吗？（穆时英：夜总会里的五个人）

虽然从逻辑上说，否定词的辖域包括其后的所有语词序列，“不是能 VP”也不例外。但是从语用（表达）的角度看，同一种否定形式可以有不同的否定焦点。第一种“不是能 VP”否定的焦点实际上是命题“能 VP”；第二种、第三种否定的焦点不是命题，而是 VP 和“能”的使用的恰当性。上文说过，语用否定不是否定句子所表示的命题，而是否定话语（包括其部分）的合适性。因此这四种“不是能 VP”中，只有第二种、第三种才是真正的语用否定，而第一种和第四种都不是。

由于语用否定所否定的是语词使用的恰当性，而其意义本身并不受影响，因此“不是能 VP”中的“能”仍然可以表示其原来的四类情态意义。助动词“要”“会”和“可以”等也是如此。限于篇幅我们不再举例。

9.3 否定对“要”的语义的影响

9.3.1 根据上文 3.3.1 节的讨论，不同意义的“要”的否定形式可总结如下：

表 9.4.5 不同意义的“要”的否定形式

	不	没	否定形式
意 愿	±	+	不想 / 不愿意
义 务	+	—	不必 / 不用
认 识	—	—	不会 / 不可能

由此可见，否定式为“不想”的“要”表示意愿，否定式为

“不必”的“要”表示义务，否定式为“不会 / 不可能”的“要”表示认识。其中表示意愿的“要”可以受“不”“没”否定，而表示义务和认识的“要”都不行。

9.3.2　上文已讨论过外部否定“不 / 没要”，下面讨论内部否定“要不 VP”和双重否定“不要不 VP”。

9.3.2.1 从语义上看，“不要 VP”相当于“要不 VP”，也就是说“要”的外部否定与其内部否定在语义上是相等的，然而后者在形式上却并不成立，因此可以说作为助动词的“要”实际上并没有内部否定形式。虽然“要不 VP”“要没 VP”和“要没 NP”等形式可以说，但其中的“要”并不是表示情态的助动词，而是表示假设的连词。如：

（25）哎唷，你要不吃啊，人家还不高兴。→你要是 / 如果不吃啊，人家还不高兴。（编辑部的故事）

（26）我们要没改好一部分老机器，七步犁还不会试制成功。→我们要是 / 如果没改好一部分老机器，七步犁还不会试制成功。（老舍：春华秋实）

9.3.2.2 “要”的双重否定只有“不要不 VP”和“不要没 NP”。由于“要”的认识义不受“不”否定，意愿义也一般不用“不”来否定，因此其中的“要”就只能是表示义务义，而整个否定式表达的则是一种强式劝说。如：

（27）骂就骂了嘛不要不敢承认。（王朔：一点正经没有）

（28）生活上要体贴，要多哄她，不要没耐心，讲了没两句就和她凶……（新浪康易网）

9.3.3　“要”的语用否定为“不是要”。与“是不是能 VP”类似，“是不是要 VP”也不是“要”的语用否定式，而是一种正反问形式。①

与“不是能 VP”类似，从否定的焦点看“不是要 VP”也有四种，其否定焦点分别是“要 VP”、VP、“要”和反问等。② 如：

（29）我不是要占人便宜，是为了保险。（编辑部的故事）

（30）日本在中国作战不是要灭中国，而是要救中国。（老舍：四世同堂）

（31）我不是要见孟先生，而是必须见孟秘书长；我有件非秘书长不办的事情。（老舍：听来的故事）

（32）你不是要跟我谈么？（王朔：给我顶住）

与“不是能 VP”一样，第一种“不是要 VP”否定命题“要 VP”；第二种和第三种分别否定 VP 和“要”的使用的合适性。因此只有第二种和第三种“不是要 VP”才属于语用否定，第一种和第四种都不是语用否定。

---

① 不过，二者有两点不同：第一，“是不是能”都能转换为“能不能”；而当“要”表认识义时，“是不是要”不能转换为“要不要”。比较：

a. 您看我们两家是不是要签一个协议书之类的东西呀？→我们两家要不要签一个协议书之类的东西呀？（编辑部的故事）（必要）

b. 今天是不是要下雨？→ * 今天要不要下雨？（推测）

第二，“是不是能”变为“能不能”后意义不变，而“是不是要”变为“要不要”后意义常常不同。比较：

a. 试问假如中国人把英国的古迹烧毁了，英国人民是不是要拼命？（老舍：赵子曰）（意愿）

b. 试问假如中国人把英国的古迹烧毁了，英国人民要不要拼命？（义务）

② 与第一种“不是能 VP”不同的是，第一种“不是要 VP”不都能转换为“不要 VP”。比较：

a. 上级不是能天天看到＝上级不能天天看到。

b. 我不是要占人便宜≠？我不要占人便宜。

9.4　否定对“会”的语义的影响

9.4.1　不管是表示能力的“会”还是表示预断的“会”，都可以用否定词“不”来否定。如：

（33）当仆人去，不在行：伺候人，不会；洗衣裳作饭，不会！（老舍：骆驼祥子）

（34）多留神，少争胜，大概总不会出了毛病。（同上）

两种“会”虽然都可以用于过去（即过去的能力或过去的预断），但二者都不能用“没”否定。比较：

（35）a. 以前，我真的不会唱歌。（毕淑敏：预约死亡）

b. * 以前，我真的没会唱歌。

（36）a. 在日本人来到以前，这种事是不会发生在北平的。（老舍：四世同堂）

b. * 在日本人来到以前，这种事是没会发生在北平的。

这种限制来源于能力和认识这两种情态（预断属于认识情态）本身。凡是表示能力的助动词都不能用“没”否定。比较：

（37）a. 我以前一顿饭不能 / 不能够 /* 不可以吃四个馒头。

b. * 我以前一顿饭没能 / 没能够 / 没可以吃四个馒头。

同样，表示推测的“会”“可能”和“要”等也不能用“没”否定，即使是对过去事件的推测。① 如：

（38）a. 长江从前不会 / 不可能 /* 不要发大水。

b. * 长江从前没会 / 没可能 / 没要发大水。

能力“会”的否定除了“不会”外，还可以用可能补语式“V

---

① 范开泰先生向笔者指出，“没有可能 VP”可以说，但其中的“可能”不是助动词，因为它可以变换为“没有 VP 的可能”。

不C”。如：

（39）小王不会喝酒→小王喝不了酒。

虽然“V不C”可以表示能力、根可能和认识可能，但是当V为动词时，“V不C”只表示能力或根可能，而不表示认识可能；只有当V为形容词时，“V不C”才会表示认识可能。[①]而不管V为动词还是形容词，“不会V”都只表示能力或认识可能，而不表示根可能。因此只有当V为形容词时，“不会V”才可以转换为“V不C”且不改变意义；当V为动词时，“不会V”转换为“V不C”时意义会发生变化。比较：

（40）这种病不会好。→这种病好不了。（认识可能）

（41）小王明天有事不会来。（认识可能）≠小王明天有事来不了。（根可能）

表9.6　助动词“会”的否定式

		不会V	没会V	V不C
能力义		+	—	+
预断义	动　词	+	—	—
	形容词	+	—	+

可见，当“会V”的否定式不能用“V不C”时，这个“会”表示的是认识义（即预断），否则它才可以表示能力义。

9.4.2　“会”的内部否定有三种形式：会不VP、会没VP、会没NP。“会不VP”绝大多数表示预断，很少表示能力。这一点与外部否定式“不会VP”不同。比较：

① 关于“V不C”的语义及相关句法问题，可参见柯理思（2001a）。

（42）a. 小王不会喝酒。（能力）

b. 小王会不喝酒。（预断）

（43）小孩子不会愤怒，只会不开心。（王小波：白银时代）（预断）

我们在 2000 万字的语料中找到“会不 VP”161 例，其中表示预断义 159 例，占 98.8%；表示能力义只有 2 例。当“会”受程度副词修饰时才倾向于表示能力，因为表示预断的“会”不能受程度副词修饰。比较：

（44）这也不是说她们比我的母亲或公使太太多些力量，多些能干，而是她们更像女子，更会不作事，更会不思想——可是极会往脸上擦粉。（老舍：猫城记）（能力）

（45）一闭上眼，天赐很会想象，他看见了黛玉！（老舍：牛天赐传）（能力）

（46）我呢，还会 /* 很会想到我的母亲。（张洁：爱，是不能忘记的）（预断）

“会没 VP”和“会没 NP”中的“会”只表示预断，不表示能力。如：

（47）几百万工人一齐罢工，会没放一枪，没死一个人。（老舍：二马）

（48）有一次，小顺儿代替爸爸发了言：“妈，没煤，顺儿去拣煤核儿！”又待了一会儿，他不知怎么想起来：“妈！也会没米，没白面吧？”（老舍：四世同堂）

由于“会”不受“没”的否定，因此其双重否定式只有“不会不 VP”“不会没 VP”和“不会没 NP”等，而没有“没会不 VP”“没会没 VP”和“没会没 NP”等。

“会不 VP”大多表示预断，因此“不会不 VP”也只能表示预断，即一定如何、肯定怎么样。比较：

（49）王后早有意立异人了，只是立嗣是大王和太子的事，她不便参加意见而已，君侯只要将臣今天这番话提醒王后，她就不会不说话了。（李约：秦始皇大传）

“不会没VP”和“不会没NP”也只表示预断。如：

（50）她大概也不会没告诉您吧？（陈建功、赵大年：皇城根）

（51）我们这些人不会没有缺点，有缺点要允许人家批评。（邓小平文选）

9.4.3 “不是会VP”也有四种否定焦点，分别是“会VP”、VP、“会”和反问。如：

（52）难能可贵的不是**会幻想，有幻想**，而是**善于接受和理解别人的幻想**。（张贤亮：绿化树）

（53）这种股票不是会**跌**，而是会**涨**。

（54）看来不是**会不会**，而是**肯不肯**干。（王朔：无人喝彩）

（55）你们不是会打猎吗？（王朔：浮出海面）

与“不是能VP”和“不是要VP”一样，这四种“不是会VP”也只有第二种、第三种属于“会”的语用否定（分别否定VP、“会”的使用的合适性）；而第一种、第四种不是语用否定（前者否定命题，后者属于反诘问）。

9.5 否定对“可以”的语义的影响

9.5.1 表能力、根可能和评价的“可以”一般不用“不”否定，前两种多用“不能”，后一种多用“不值得”。[①] 比较：

（56）他自己也不能/*不可以正确的回答出。（老舍：骆驼祥子）（能力）

（57）镇定并不能/*不可以——在乱世——保障安全。（同上）（根可能）

（58）他觉得路远，不值得/?不可以去，我倒觉得还可以去看看。（吕叔湘 1999：338）（评价）

吕叔湘（1999：337）认为，表许可的“可以”的否定可以说“不能”或“不可以”。实际上作为许可的否定式，“不能”要比“不可以”常见得多。如：

（59）你可以不拿，但我不能不给。（北京人在纽约）

（60）烟酒可以让人，钱不能借出去，自己比一切人都娇贵可怜。（老舍：骆驼祥子）

为了证明这一点，我们作了两项统计：一是在老舍小说、王朔小说和部分剧本共 370 万字的语料中，发现“不能”出现 3782 次，而“不可以”只出现 53 次，前者是后者的 71 倍；二是在 3300 万字的其他语料中，发现“可以……不能”有 324 例，而“可以……不可以”只有 46 例，前者是后者的 7 倍。“能”和“可以”除了认识义和评价义不同外，所表达的情态类型是相同的，因此这两项统计还是很能说明问题的。[②]

各种意义的“可以”都不能用“没”否定，即使是过去的事件

① 吕叔湘（1999：337—338）指出，表示“可能”（根可能，“可以”不表达主观推测的认识情态）、“有某种用途”（也属于根可能）和“值得（属于评价情态）的“可以”的否定一般不说“不可以”。

② 当然，“不能”不都是表示许可的否定，不过这个统计说明了“不能”与“不可以”的使用频率的巨大差异。

或状态（能力、许可、根可能或评价）。如：

（61）他以前没有钱，不能/？不可以/*没可以买房子，现在可以了。（能力）

（62）上海以前不能/？不可以/*没可以放鞭炮，现在可以了。（许可）

（63）我昨天有事，不能/？不可以/*没可以来。（根可能）

（64）这地方以前不值得/？不可以/*没可以游玩。（评价）

这一点"可以"与"能"基本相同，唯一不同在于"能"的根可能义可以用"没"否定，而"可以"则不能。比较：

（65）很对不起，丁经理没能/*没可以亲自招待您！（老舍：春华秋实）

与"能"一样，表能力和根可能的"可以"的否定除了"不能"外，更常见的是用"V不了"。比较：

（66）这孩子还不能走路/*不可以走路/走不了路。（能力）

（67）这间房不能住/*不可以住/住不了五个人。（根可能）

（68）别的可以忘却，唯独这间小屋，她忘不了。（老舍：鼓书艺人）（许可/根可能、根可能）

表9.7　不同意义的"可以"的否定形式

	不能	不可以	不值得	没可以	V不C
能　力	+	—	—	—	+
许　可	+	±	—	—	—
根可能	+	—	—	—	+
评　价	—	—	+	—	—

可见，只能用“不值得”否定的“可以”表示评价；能用“不能”“不可以”否定的“可以”表示许可；能用“不能”“V 不 C”否定的“可以”表示能力或根可能。至于后两者，则可以利用主语的生命度和动词的自主特征等加以鉴别。

9.5.2 “可以”的内部否定形式有“可以不 VP”“可以没 VP”和“可以没 NP”等。“可以不 VP”只表示许可和根可能，不表示能力或评价。如：

（69）她可以不管二强子，也可以不管两个弟弟，她必须来帮助祥子。（老舍：骆驼祥子）（许可）

（70）你一个人占一间房，你们俩也占一间房；住的地方可以不发生问题。（同上）（根可能）

这一点不难理解。所谓能力是指具备某种内在条件以做某事，而不做某事是不需要任何内在条件的。因此下面例（71）不可能表示能力（具备不吃饭的能力？），而是表示根可能（不吃饭是可能的）：

（71）据说你下棋可以/*能/? 能够不吃饭？（阿城：棋王）

同理，值得不值得也是针对做某事而言的，而不做某事则无所谓值得不值得。比较：

（72）这种电影不值得/*值得不看。（评价）

（73）我们戏可以不看电影可以不看，这个画展不可不看。（肖燕立：裘沙和伟君的鲁迅世界）（许可）

“可以没 VP”也只表示许可（允许没 VP）和根可能（可能没 VP）。如：

（74）一个增光耀祖的儿子，怎可以没办过满月呢？（老舍：正红旗下）（许可）

（75）一个正常人，他可以没喝过牛奶，可以没看过电影，但他一定是唱着儿歌长大的。（新华网天津频道）（根可能）

“可以没 NP”则只表示许可（没有 NP 是允许的）。如：

（76）他们认为世界上可以没有中国，但是如果没有他们的话，这个世界不知道要变成什么样。（北京人在纽约）

与“会”相同，由于“可以”不受“没”否定，因此其双重否定只有“不可以不 VP”“不可以没 VP”和“不可以没 NP”，且它们只表示许可（不允许不 VP、必须 VP）。如：

（77）可以不会写自己的名字，不可以不会下棋。（王蒙：棋乡轶闻）

（78）没有在云南吃过鸡㙡菌的人一定要去吃，没吃过过桥米线、汽锅鸡、云腿可以，不可以没吃过鸡㙡！（清韵书院网页）

（79）一个人可以没文凭，但不可以没知识；可以不进大学殿堂，但不可以不学习。（北京日报，2004.5.16）

9.5.3　从否定焦点看，“可以”的语用否定式“不是可以 VP”也有四种类型，其否定焦点分别是“可以 VP”、VP、“可以”和反问。如：

（80）统一战线仍然是一个重要法宝，不是**可以削弱**，而是**应该加强**，不是**可以缩小**，而是**应该扩大**。（邓小平文选）

（81）我的脸不是可以**煎蛋**，而是可以**炸年糕**了。（康健网）

（82）认证理论认为，用于认证的密码算法不是**可以**公开而是**一定要**公开。（《计算机安全》杂志网页）

（83）假如有什么训练班，我们不是可以一同加入吗？（老舍：蜕）

与“能”“要”和“会”的语用否定一样，这四种“不是可以 VP”中只有第二种、第三种属于语用否定，分别否定 VP 和“可以”的使用的合适性；而第一种、第四种不是语用否定，前者是否定命题，后者则是反诘问。

9.6　小结

上文详细讨论了否定对助动词“能”“要”“会”和“可以”的意义选择的影响和制约作用，可以总结为下表：

表 9.8　否定对常见助动词的意义选择的影响

<table>
<tr><td colspan="3">助动词</td><td>能</td><td>要</td><td>会</td><td>可以</td></tr>
<tr><td colspan="3">情态意义</td><td>ADEF</td><td>BCF</td><td>AF</td><td>ADEG</td></tr>
<tr><td rowspan="3">形式</td><td colspan="2">不 M</td><td>ADE</td><td>BD</td><td>AF</td><td>ADE</td></tr>
<tr><td colspan="2">没 M</td><td>E</td><td>B</td><td>—</td><td>—</td></tr>
<tr><td colspan="2">V 不 C</td><td>AE</td><td>—</td><td>F</td><td>AE</td></tr>
<tr><td rowspan="7">范围</td><td rowspan="3">内部否定</td><td>M 不 VP</td><td>DF</td><td>H</td><td>F</td><td>DE</td></tr>
<tr><td>M 没 VP</td><td>EF</td><td>H</td><td>F</td><td>DE</td></tr>
<tr><td>M 没 NP</td><td>DF</td><td>H</td><td>F</td><td>D</td></tr>
<tr><td rowspan="4">双重否定</td><td>不 M 不 VP</td><td>DEF</td><td>D</td><td>F</td><td>D</td></tr>
<tr><td>不 M 没 VP</td><td>—</td><td>—</td><td>F</td><td>D</td></tr>
<tr><td>不 M 没 NP</td><td>D</td><td>D</td><td>F</td><td>D</td></tr>
<tr><td>没 M 不 VP</td><td>E</td><td>—</td><td>—</td><td>—</td></tr>
<tr><td>性质</td><td>语用否定</td><td>不是不 M</td><td>ADEF</td><td>BCF</td><td>AF</td><td>ADEG</td></tr>
</table>

（M：助动词；A：能力；B：愿意；C：义务；D：许可；E：根可能；F：认识；G：评价；H：假设）

第十章　助动词的时体特征

10.1　时体概说

时体因素包括时间（time）和体（aspect）两个方面。时间这种概念在汉语中主要不是通过语法手段（如虚词）来表达，而是利用词汇形式来表达，因此不同于有形态的语言（如英语等）中的时态（tense）。但是这并不说明，作为语义概念的时间对汉语语法结构就没有影响，比如“时间顺序原则”（戴浩一 1985）。这种影响对汉语助动词也不例外，试比较：

（1）a. 小王昨天可能病了。

b. * 小王昨天会病了。

体范畴在汉语中经常用体助词来表达，不过它们所能表示的体类型有限（“了$_1$”“着”和“过”分别为完成体、持续体和经历体）。除此之外，动词“在”、句末助词“了$_2$”“呢”和“来着”以及趋向动词“起来”“下去”等都可以用来表达时体意义。另一方面，除了这些常见的体类型之外，已然和未然等也是一对重要的体范畴。这些因素都有可能对助动词的意义和用法产生影响。如：

（2）a. 要想真正了解中国就应该到中国去。

b. 他是中国通，应该到过中国。

例（2a）是未然的，所以“应该”表示必要（义务）；例（2b）

是已然的，所以“应该”表示必然（认识）。

下面以几个常用且多义的助动词为例，详细考察各种时体因素对助动词的意义和用法的影响。

10.2 “能”的时体特征

10.2.1　Coates（1983：99）指出，所有情态词（modals）都是静态的（stative），因为它们表达的是能力、可能等的状态；相对于包含情态词的情态陈述（modal predication）而言的句子的主要陈述（main predication，即助动词的谓词宾语所在的小句），则不一定是静态的。后者从情状类型的角度看包括事件（event）、状态（state）和习惯（habit），可以分别称为动态体（dynamic）、静态体（stative）和反复体（iterative）。

Coates（1983：99）同时认为，英语中所有表许可的 can 和大部分表根可能的 can 的主要陈述都是动态体，即指一个单一的未来事件；而所有表认识的 can 则都是用于静态体，即指一个非过去的状态；所有表能力的 can 则用于反复体，即指一个习惯的、反复发生的行为的潜在可能性。

汉语助动词“能”与英语 can 既有相同之处，也有不同之处。表示许可的“（不）能”的宾语小句也是指一个单一事件，即动态体，因此其后的动词不能是静态的。例（3a）的“让小王知道”是动态的，例（3b）的“知道”是静态的。比较：

（3）a. 这件事不能让小王知道。（许可）

b. ？这件事小王不能知道。

而像“懂”“了解”之类的静态动词则根本不能与这种“能”

搭配，也就是说“(不)能懂”“(不)能了解”之类不表示许可义。比较：

(4)*这件事小王不能了解。(*许可)

(5)她不能$_1$了解大兴，又不能$_2$离婚，她只能时时地定睛发呆。(老舍：不成问题的问题)

例(5)“(不)能$_2$”表示(不)许可，而“(不)能$_1$”不表示许可，只表示根可能。

不过与英语 can 不同的是，表示许可的“能”虽然大多数用于指将来的事件[①]，但并不限于这一种，它也可以用于指一个过去的事件。如：

(6)城里以前不能放鞭炮，现在可以了。

表示根可能的“能”既可以指单一动态事件，也可以指静止或稳定的状态。这一点与英语 can 明显不同。如：

(7)我明天有事，不能来。

(8)大蒜能杀菌。(吕叔湘 1999：414)

这两例表示客观可能，前者有特定时间，因此是一个单一事件；后者没有特定的时间，因此不是一个事件，而是一种静止状态(即潜在的可能性)，如不能说“大蒜昨天/现在能杀菌”等。

在“能”的所有意义中，只有根可能可以受“没”否定，条件是其所指是过去的或已然的事件。如：

(9)我昨天有事，没能来参加会议。

与英语 can 不同，表认识义(主观推测)的“能”可以用于事件或状态，且没有明显的时间上的限制。如：

---

① 这实际上是许可情态的特征，允许或不允许做的事一般是还没有发生的、未然的。

（10）满天星星哪能下雨？→＊满天星星，哪能下雨了？（吕叔湘 1999：415）

（11）他那儿都听说了，这还能假呀？（编辑部的故事）

与表能力的 can 相同，表能力的“能”后面的小句也可以是反复体，即习惯的重复发生的可能性。如：

（12）我能喝白酒。

正如 Coates（1983：100）指出的，在自然的日常语言中，一个人具有“喝白酒”的能力就蕴含着“喝白酒”习惯性的、重复发生的可能性，一个人具有这种能力却从来不喝是不大可能的。

表能力的“能”指一种反复体，这在形式上也有体现，这种句子一般不能出现特定的表时点的时间词。如：

（13）a.？我昨天很能喝白酒。

b.？我今天三点以前很能喝白酒。

而表根可能的“能”因为可以用于一个单一事件，所以不存在这种限制。比较例（13b）与例（14）：

（14）我今天三点以前能到学校。

这种限制是能力情态的一个特征。因为所谓能力是指人所具有的内在的至少在一段时间内稳定的静止的状态，其获得或丧失不是瞬间所能完成的。

10.2.2　下面看“能”与时体助词的共现情况。汉语助动词在句法上有一个共同特征，即不能后附体助词“了$_1$、着、过”，这一点“能”亦不例外。不过表示能力、许可和根可能的“能”的宾语从句可以出现表示事态变化的助词“了$_2$”。如：

（15）老张年轻的时候很能喝白酒，现在不能了。（能力）

（16）这山上的树以前可以伐，现在不能了。（许可）

（17）此语一出，许爷就是想也不能了。（王朔：许爷）（根可能）

10.3 “要”的时体特征

10.3.1 意愿情态有一个特点，那就是句子的主要陈述指称一个将来的、未然的事件。表意愿的“要”虽然可以用于过去，但其后的宾语却不能指称一个过去的意愿状态。比较：

（18）a. 小李昨天要回家。（过去意愿）

b. * 小李要昨天回家。（过去事件）

造成这种差别的原因源于意愿（volition）情态，只要是表示意愿的情态词都会具有这种限制，如“想”。比较：

（19）a. 小李昨天想回家。

b. * 小李想昨天回家。

另外，表意愿的“要”的宾语小句也不能与表示事态变化的助词“了$_2$”共现，而“想”却不存在这种限制。比较：

（18）c. * 小李昨天要回家了。

（19）c. 小李昨天想回家了。

因此，这种限制不是意愿情态的共同之处，而只是“要”独有的特征。又如：

（20）她昨天不想回家，今天却想 /* 要了。

10.3.2 “要”的义务义包括两种：必要（弱义务）和义务（狭义义务）。前者指客观物质环境的需要，后者则是说话人或社会规范使然。二者的时体特征不尽相同。

弱义务“要”又可分为两种，一为事物客观规律的要求（事理上需要），一为某种客观环境的要求。二者的时体特征也不同。前者的宾语表示超时空的恒常事理，因此一般不出现特定的时间词，也不出现表示完成的体助词“了$_1$”。[①] 如：

（21）＊过河要有了船。

因此下面例（22）“要”不可能表示必要，而是表示认识（预测）。

（22）这使瑞宣几乎要有点嫉妒了。（老舍：四世同堂）

后者“要”表示特定客观环境的要求使得做某事成为必要，而客观环境都有特定的时空，因此这种“要”可以用于任何时间（包括过去），而且也可以与“了$_2$”共现。如：

（23）等你长到一米八的时候，你就要弯着腰上车了。

强义务“要”的道义力量来源可分为说话人、社会权威和社会规范或习俗三种情况，三者的时体特征也存在差别。

源于说话人或社会权威的“要”，在语用效果上相当于命令或祈使。命令或祈使只能对未来产生影响，因此这两种“要”只能用于将来，不能用于过去。比较[②]：

（24）a. 你明天/＊昨天一定要来。（义务）

b. 你一定要明天/＊昨天来。

同理，这两种“要”的宾语从句也不能出现“了$_2$”，否则就不是命令或祈使，而是陈述客观必要性。比较例（24c）与例（24a）：

（24）c. 你明天要早点来了。

第三种强义务“要”表示某种社会规范或习俗的约束，使得做某事成为必要（义务）。因此它实际上不是一种言语行为（施为句），而是报道一个道义事实。而事实总是有特定时空的，所以这

---

① 例（21）后有结果小句时可以说，不过这个“要”为假设连词。如：过河要有了船就容易多了→过河如果有了船就容易多了。

② 例（24a）“要”表意愿时可以说，如：他昨天一定要来，我没让他来。

种“要”可用于过去或将来，宾语从句也可以出现“了$_2$”。如：

（25）微软：免费午餐结束，以后用FAT要交钱了！

10.3.3　认识情态“要”可以分为表示常识、表示认识可能和表示预测三种情况。常识包括自然和社会两种，自然常识往往是超时空的，因此这种“要”一般不用于过去或未来，除非是周期性现象。比较：

（26）铁（*以前/*今后）不磨要生锈。（超时空常识）

（27）以前黄河每年都要决堤。（过去常识）

而社会常识则往往有特定的时空，因此这种“要”可以用于过去，但一般不用于将来。比较：

（28）北方人以前/？以后除夕要吃饺子。（社会常识）

常识义“要”的宾语从句一般不出现“了$_2$”，否则不再表示常识。比较例（29）与例（26）：

（29）铁不磨要生锈了。（认识可能）

（30）南方人以后除夕也要吃饺子了。（预测）

表认识可能（可能）和预测（将要）的“要”一般不用于对过去的事件进行推测。[①] 比较：

（31）看样子明天/*昨天要下雨。（可能）

（32）他明天/*昨天要回来了。（将要）

不过，时间词出现的位置也有影响。比较例（33）与例（31）：

（33）a. 明天看样子要下雨。

　　b. 昨天/*明天看样子要下雨。

① 认识可能“要”也用于假设复句，如“不顾实际一味蛮干要失败的”（吕叔湘1999：592）。不过假设复句表示的是虚拟因而也是未然的事件，因此与非假设句“要”在本质上是一样的。

原因在于“看样子”是表示说话人主观推测的插入语，后面的小句是推测的内容。时间词在后，修饰的是推测内容；时间词在前，修饰的是推测行为本身。推测的内容一般是未然的，而推测行为则可能是已然的。

表示认识可能和预测义的“要”后面的宾语一般是未然事件，因此往往出现“了$_2$”。比较：

（34）a. 他快要毕业了。（吕叔湘 1999：593）

b. * 他快要毕业。

（35）二爷，我看哪，大清国要完（了）！（老舍：茶馆）

下表是各种“要”的时体特征的总结：

表 10.1　助动词“要”的不同情态意义的时体特征

<table>
<tr><th colspan="3" rowspan="2">时体特征
情态意义</th><th colspan="2">过去时间</th><th rowspan="2">未来时间</th><th rowspan="2">了$_2$</th></tr>
<tr><th>情态陈述</th><th>主要陈述</th></tr>
<tr><td colspan="3">意愿类</td><td>+</td><td>—</td><td>+</td><td>—</td></tr>
<tr><td rowspan="5">义务类</td><td rowspan="2">必要</td><td>客观规律</td><td>—</td><td>—</td><td>—</td><td>—</td></tr>
<tr><td>客观环境</td><td>+</td><td>?</td><td>+</td><td>+</td></tr>
<tr><td rowspan="3">义务</td><td>说话人</td><td>—</td><td>—</td><td>+</td><td>—</td></tr>
<tr><td>社会权威</td><td>—</td><td>—</td><td>+</td><td>—</td></tr>
<tr><td>社会规范</td><td>+</td><td>?</td><td>+</td><td>+</td></tr>
<tr><td rowspan="4">认识类</td><td rowspan="2">常识</td><td>自然现象</td><td>±</td><td>—</td><td>—</td><td>—</td></tr>
<tr><td>社会风俗</td><td>+</td><td>—</td><td>—</td><td>—</td></tr>
<tr><td colspan="2">认识可能</td><td>—</td><td>—</td><td>+</td><td>+</td></tr>
<tr><td colspan="2">预测</td><td>—</td><td>—</td><td>+</td><td>+</td></tr>
</table>

10.4 “会”的时体特征

10.4.1 表示能力的“会”与“能”一样都可以用于指过去的或未来的能力状态。如：

（36）以前，我真的不会唱歌。（毕淑敏：预约死亡）

（37）将来人人都要求会用电脑。

由于能力是一种至少在一段时间内比较稳定的状态，因此与“能”一样，表示能力的“会”一般也不与具体时点词语搭配。如：

（38）？我昨天会唱歌 / 喝酒，今天不会了。

除非用于表示反问的对比句。比较例（39）与例（38）：

（39）你昨天还会唱歌 / 喝酒，怎么今天就不会了？

不过，虽然能力是一种比较稳定的状态，但这并不说明它就不会发生变化，特别是通过后天学习所获得的技能。因此这种“会”的宾语也可以与表变化的助词“了$_2$”共现。如：

（40）我告诉你们啊，我不会乘法之前就会看小人儿书了。（编辑部的故事）

10.4.2 表示认识情态的“会”（即一般所说的预断“会”）可以分为三种：预测可能性、推论可能性和事实的客观认定（张永利 2000），它们的时体特征不完全相同。表预测可能性的“会”是对某个时间参照点之后的事件进行推测。在无标记句子中，参照时间就是说话时间。因此一般情况下，这种“会”表示的是对未来的预测。所以它只能与未来时间词语共现，而不能与过去时间词语搭配。比较：

（41）a. 明天会下雨。

b. * 昨天会下雨。

当参照时间为过去时，其后的时间可能是现在之前的某个时间（仍然属于过去），在这种条件下“会”就可以表示对这个过去时间的预测。如：

（42）这是因为，十三太爷早就知道会有这一天，才娶她为妻的。（张承志：心灵史）

表断定的“会”是对已经存在的事实作客观的认定（张永利2000），因此它不需要以特定的时间为参照点，可以指过去、现在或未来。如：

（43）我妈妈说，他得了失忆症，每天都会忘掉一些过去的事情。（阿来：空山）（过去）

表推论的“会”是对已经发生的事件的推论（张永利2000），因此它可以指过去的事件，但一般不出现过去时间词。如：

（44）哪里，伍哥是做过大事的人呢，怎么会给我当线人。（阿池：线人）

与表预测的“会”不同，后两种“会”一般不能与“了$_2$”共现。比较：

（45）气象预报说，明天雪就会停。明天会有阳光了。（艾伟：爱人有罪）（预测）

（46）胡羊每天都会站在路边看一会儿（*了）。（董立勃：见义勇为）（断定）

（47）如果是他的孩子怎么会一点都不像（？了）呢。（艾伟：爱人同志）（推论）

10.5 “该”类助动词的时体特征

10.5.1 “该”类助动词在表义务必要时可以分为两组：一组在时间上没有明显的限制，可以表示过去、现在或将来的义务或必要状态，包括“应”“该”“应该”和“应当”。如：

（48）昨天你应/该/应该/应当把作业交上来。

（49）我要控诉那罪大恶极、没有人性的、5年前就应该枪毙的杀人潜逃犯刘华山以及赵国庆（嘉鱼县床单厂业务员）……（达明等：逼良为娼 天理难容）

另一组则只能用于表示现在或未来的义务，而不能表达过去，包括“要”“得（děi）”“必得”和“须得”。比较：

（50）a.* 昨天你要/得/必得/须得把作业交上来。

b. 明天你要/得/必得/须得把作业交上来。

（51）咱们以后得想法为山里人做些事情。（张炜：秋天的愤怒）

除了时间上的限制外，“该”类助动词在已然和未然的特征上也存在不同。这类助动词在表示义务时只能用于指未然的事件，而不能指已然的事件。比较：

（52）a. 你应该听听老王的意见。

b. ？你应该听到老王的意见。

这里“应该”换成其他必要动词都一样。我们知道，动词重叠式一般是未然的，而由动词加上表示获得的“到”构成的动补复合词“V到”则是已然的。[①] 比较：

① 这种差别在没有汉语式动补结构的语言中表现很明显。例如韩语没有动补结构，但动词在形式上有时态之分。因此要表示未然的“听听”时动词要用现在时形式，而已然的“听到”则要用过去时形式。

（53）a. * 我昨天就听听老王的意见。

b. 我昨天就听到了老王的意见。

造成这种差别的真正原因在于义务情态本身。所谓义务，是指存在必须做某事的必要性。因此成为义务的事件就必然是未然的、还没有发生的，不管是指未来的义务，还是过去的义务。只不过前者是将来应该做的事，这当然是未然的；而后者是过去应该做而没有做的事，这实际上也是未然的。再比较：

（54）丁翼平，你应该听你女儿的话！（老舍：春华秋实）（未然，必要）

（55）那你还应该听说过一句，"龙生龙，凤生凤，老鼠生儿会打洞"？（编辑部的故事）（已然，必然）

必要动词都可以与助词"了$_2$"共现，表示义务或必要状态的变化，如下例的"得"就可以换成其他任何必要动词。

（56）你别看外边那么冷，里边一件衣服都穿不住，呆会儿都得脱了。（北京人在纽约）

10.5.2　"该"类助动词在表示认识必然时也可分为两组：一组包括"应""应该"和"应当"等，可以用于对过去事件的推测；另一组包括"该""要""得（děi）"和"必得"等，只能用来预测未来的事件。比较：

（57）a. 昨天夜里他应/应该/应当来过这里。

b. * 昨天夜里他该/要/得/必得来过这里。

（58）那是个中秋节之夜。考虑到刀劈事件是发生在秋初，这个中秋节应该是上一年。（王朔：许爷）

在事件的已然和未然特征上，必然动词（即表必然义的"该"类助动词）内部也存在差别。"应""该""应该""应当"等后面的宾语小句所指既可以是未然的事件，也可以是已然的事件。如下面的例句中 a 是已然的，b 则是未然的：

（59）a. 他昨天动身的，今天应该到了。（吕叔湘 1999：624）

b. 他今天动身的，明天就应该到了。

（60）a. 泼水的事，敌人现在该发泄到了顶点。（罗广斌、杨益言：红岩）

b. 一会儿警察来了该麻烦了。（北京人在纽约）

而“要”“得（děi）”和“必得”等则只能用来推测未然的事件，不能用于推测已然的事件。比较：

（61）a. 这么晚才回去，妈妈又得说你了。（吕叔湘 1999：166）（未然）

b. * 这么晚才回去，妈妈又得说过你了。（已然）

（62）只有一次元宵节，姊妹兄弟跟着祖母到叔祖母家去看灯，因为叔祖母家住在一条热闹的街上，灯笼的行列必得经过。（陈敬容：街）

例（62）虽然叙述的是过去的事，但其中“必得”是表示预测，所以其后小句仍然表示未然的事件。

10.5.3　值得注意的是，“该”类助动词在已然未然与过去非过去这两组特征上的选择并不完全相同。例如“该”不能推测过去事件，但能推测已然事件。又如例（62）叙述的是过去，但预测的却是未然的。这是因为过去非过去是一种时（tense）特征，而已然未然则是一种体（aspect）特征。因此过去的不一定是已然的，未来的也不一定就是未然的。

“该”类助动词在表示必然义时，可以与“了$_2$”共现。但这只是就类（type）而言的，并不是每个例子（token）都可以出现

“了 $_2$”。比较：

（63）要是早上几年，他准得又哭又闹（了）。（余华：活着）

（64）人总是要死（*了）的……（白桦：淡出）

此外，“该”类助动词表示不同意义时“了 $_2$”所属的层次也不同，因而“了 $_2$”所表示的变化的主体也不同。比较：

（65）a. 可是你应该上学了。（北京人在纽约）（必要）

（66）a. 我想他应该收到了。（同上）（必然）

这两个句子的层次结构分别为：

（65）b. 可是你［应该上学］了。

（66）b. 我想他应该［收到了］。

这说明当必要动词后面出现“了 $_2$”时，受到修饰的是情态陈述，表示的是义务状态的变化（即义务从无到有）；当必然动词后面出现“了 $_2$”时，受到修饰的则是主要陈述，表示的是所推测的事件的变化。

第十一章　现代汉语中的弱断言谓词“我想”

从语义上看，现代汉语中带从句宾语的“我想”实际上是一个表示说话人的不很肯定的主观看法的弱断言谓词。其断言性和弱断言性可以分别从与叙实谓词和强断言谓词的比较中看出来。这说明，现代汉语谓词在语义和句法上也具有断言与叙实的差异。

11.1 “想”的三种用法

11.1.1 “想”是现代汉语中一个常用的心理动词，但其意义和用法则不限于表示心理活动。“想”从所表示的意义及其句法分布来看，大致可以分为三种。如：

（1）您放心，我想什么办法也得把您救出去。（邓友梅：烟壶）

（2）于观说，“我想回家。”（王朔：顽主）

（3）我想这也是很多昆明人的希望。（王朔：修改后发表）

例（1）“想”是个心理动词，例（2）“想”是个表示愿望的助动词，二者具有全部或部分的动词的典型特征。而例（3）“想”既不表示心理活动，也不表示愿望，而是与主语“我”（从句法上看）结合起来表示说话人的一种主观的、不很肯定的看法。在例（3）中“我想”实际上是一个主要表示认识意义（epistemic modality）的成分，其作用在于引进说话人的某种观点或看法等主观成分。我们称这种性质的成分为“弱断言谓词”（weak assertive predicate）。[①]

为叙述方便，我们把上述三种用法的“想”分别称为“想$_1$”“想$_2$”和“想$_3$”。

11.1.2　从使用的角度看，语言成分是有多种用法的。有的用于客观叙述事实（即命题），有的用于实施某种行为（即以言行事），而有的则用于表达说话人的主观态度或看法。如：

（4）逻辑学是研究推理的学科。

（5）我认为逻辑学是研究推理的学科。

从句类上说二者都是陈述句，但并不完全相同。例（4）一般是客观陈述一个事实，也可以用于表达说话人的某种看法。而例（5）则不同，它只能表示说话人（“我”）的一个主观看法或意见，而不是客观地叙述某个事实。虽然在语用学中有人主张陈述句也是施为句（performative），即陈述句也是用来表达“我宣布”之类的言语行为，实际上这不太符合语言使用的实际情况。因为在表达上例（5）与例（4）毕竟不同。又如：

（6）a. 她是日本人。

（7）a. 我猜她是日本人。

例（6a）也陈述一个事实，表达的是一个命题，因此有真假之分。表现在形式上，它既可以被提问，也可以被否定。如：

（6）b. 她是日本人吗？

c. 她是不是日本人？

d. 她不是日本人。

① 本章主要讨论“我想”的语义性质和表达功能，因此不严格区分词和词组。从静态的句法角度看，“我想”当然是一个词组，而非谓词。

而例（7a）则不是陈述事实或表达一个命题，而是表示说话人“我”的一种主观看法（猜想），因此不存在真假之分。[①] 表现在形式上它既不能被提问，也不能被否定。如：

（7）b. * 我猜她是日本人吗？

c. * 我猜不猜 / 是不是猜她是日本人？

d. 我 * 不猜 /* 不是猜 /? 没有猜她是日本人。

11.1.3　以前人们在分析语言现象时，没怎么注意语言的这三种用法的区别，因而也就没有区分上述三种“想”。如《现代汉语八百词》（1999 年版，第 576—577 页）在解释动词“想”时列举了 6 种用法，并且把下面的例（8a）和例（9a）都当作表示“料想、估计”：

（8）a. 你想$_1$五点前咱们做得完吗？

（9）a. 我想$_3$他一定会来的。

实际上二者是不同的。例（8a）中的“想”虽然有些虚化（不表示持续的心理活动），但还属于典型动词，如可以重叠成例（8b）；而例（9a）则纯粹表示说话人的一种主观看法，因而不再具有动词的一些典型特征（见下文），如不能重叠。[②] 试比较：

（8）b. 你想想$_1$五点前咱们做得完吗？

（9）b. * 我想想$_3$他一定会来的。

11.1.4　本章我们将主要借鉴“叙实”（factive）和“断言”（assertive）这样的语义对立，来考察现代汉语中带主谓结构宾语的谓词“我想$_3$”的性质和特点，以及相关的语义和句法问题。

---

① 这是就整个句子而言，不是指宾语，后者当然有真假值之分。

② 这说明不同的人称对“想”的语义和用法有影响。

11.2 “(我)想$_3$”的句法特征

11.2.1　与前两种用法的“想”相比，“(我)想$_3$”在句法形式上最明显的不同是所带的宾语语类不同。作为心理动词的“想$_1$”一般带体词宾语，如例(10)。作为能愿动词的“想$_2$”带谓词宾语，如例(11)。而“(我)想$_3$”则只能带句子宾语(sentential complement)，包括主谓结构宾语，如例(12)，和复句宾语，如例(13)。

(10)至于名额问题，我想办法。(阎真：沧浪之水)

(11)我想请你帮个忙。(阿来：宝山)

(12)我想$_3$你们大概早把我忘了。(王朔：顽主)

(13)我想即使我没给他枪，他也会设法弄一把往山里跑。(阿福：森林里的故事)

“想$_1$”有时也带小句宾语，但仍然与“想$_3$”不同。如例(14)的宾语从句并非断言：

(14)你去布置，我好好想想$_1$我说什么，怎么说。(老舍：无名高地有了名)

11.2.2　由“想$_1$”“想$_2$”作谓语动词的句子，句中停顿的位置一般在主语和“想”之间，表现在形式上是主语和“想”之间可以添加语气词，书面上可以加上逗号。如：

(15)您放心，我呀想$_1$什么办法也得把您救出去。(邓友梅：烟壶)

(16)他想$_2$逛街，我呢，想$_2$回家！

而“想$_3$”的句中停顿则在“我想”与S’(S’为句子宾语，下同)之间，如果添加语气词或逗号，也只能在“我想”与S’之间。试比较：

（17）a. 我想$_3$，这种葵大概也不能吃。（汪曾祺：葵·薤）

b. 我想啊这种葵大概也不能吃。

c. *我，想$_3$这种葵大概也不能吃。

d. *我啊想$_3$这种葵大概也不能吃。

11.2.3 “想$_1$”作谓语动词的句子中，“主语+想$_1$”的位置比较固定，只有当宾语为有定成分或者表示对比时它才可以自由移位。试比较：

（18）我想$_1$过这办法。→这办法我想$_1$过。

（19）什么办法我都想$_1$过。→*我都想$_1$过什么办法。

（20）a. 我想$_1$了个上半句。（王朔：千万别把我当人）

b. *［一］个上半句我想$_1$了。

“想$_2$”在句中的位置也很固定，只能处在谓词宾语的前面。[①] 如：

（21）我想$_2$回家。→*回家我想$_2$。

而“我想$_3$”在句子中出现的位置则比较自由，既可以处在句子宾语之前（句首），也可以处在句子宾语之后（句末），甚至还可以插在句子宾语中间。[②] 试比较：

（22）a. 我想$_3$这一点您也一定深有感觉。

b. 这一点我想$_3$您也一定深有感觉。

c. 这一点您也一定深有感觉，我想$_3$。

（23）刘乙光要请示的人，我想$_3$大概就是戴笠吧！（沈飞德：张学良幽禁雪窦山的日子）

---

① 例（21）如果在“回家”和“我想”中间有停顿则可以。如：

Q：星期天你干什么？　　A：回家，我想$_2$。

② 这里指的只是一种句法形式上的特征，从语义和语用的角度看，三者当然是有差别的。比如下面例子空白处用 b 显然比 a 和 c 要合适：

我知道您是想成就一番大事业的人，我爸爸特器重您，____。（陆天明：苍天在上）

（24）他们的肚子定是不会饱的，我想$_3$。（郑振铎：宴之趣）

上文我们说过，“想$_1$”有时也可以带主谓结构宾语，但它仍然与“（我）想$_3$”不同。下面两组例子的对比很能说明这一点：

（25）我想$_3$人总是要死的。→人总是要死的我想$_3$。→人总是要死的，我想$_3$。

（26）我想$_1$到人总是要死的。→ * 人总是要死的我想$_1$到。→？人总是要死的，我想$_1$到。

根据上述分析，我们认为“我 + 想$_3$ + S’ ”的结构层次与“我 + 想$_1$/ 想$_2$+ 宾语”不同。后者是“主语 + [想$_1$/ 想$_2$+ 宾语]”，而前者则应该是“[我 + 想$_3$] + S’ ”。这是“我想$_3$”在句中可以自由移位的结构上的原因。

11.2.4　从形式上说，“我想$_3$”是一个“主语 + 动词”的组合，实际上其中的“想”已经没有动词的典型特征，表现在以下四个方面。第一，与典型的动词不同，“想$_3$”不能被“不”和“没”否定。比较：

（27）我想$_3$她是日本人 /* 我不想$_3$她是日本人 /？我没 / 没有想$_3$她是日本人。

第二，“想$_3$”不能后附体助词“着、了、过”等。比较：

（28）我想$_3$他是知道的 /* 我想$_3$了他是知道的 /* 我想$_3$着他是知道的 /？我想$_3$过他是知道的。（老鬼：血色黄昏）

第三，“想$_3$”也不能带时量宾语，如“一会儿”“一下”等。比较：

（29）我想$_3$这没问题 /* 我想$_3$一会儿这没问题 /* 我想$_3$一下这没问题。

第四，“想$_3$”也不能重叠。如：

（30）*我想想$_3$她是日本人。

11.2.5 “我想$_3$”的作用在于引进说话人的主观态度或看法，也就是说其宾语是表示说话人的观点的。表现在形式上，这个宾语中常常含有表推测的语气副词（“一定”“也许”等）、能愿动词（“可能”“应该”等）、表强调的判断词“是”和语气词“的”，以及表揣测的语气词“吧”等。这是“想$_1$”“想$_2$”所没有的。如：

（31）从背后看他略弯着腰，似乎是位老者，我想$_3$这大概总是什么领导吧！

（32）就是到了法院，我想$_3$法院也会先进行调解的。（编辑部的故事）

（33）算来她现在也是六十开外的老妇人了，我想$_3$她自己应该还会记得这事。（于光远：我在“文革”初期的滑稽人生）

（34）我想$_3$他们也许逃脱不开李赤的命运吧。（冯至：空洞的话）

我们从4000多万字的语料中搜集到1302个“我想$_3$”的例子，其中包含上述成分的就有650个，约占一半。

从语义上看，上述这些成分都是表示程度不等的主观情态意义，它们的出现说明所在句子都是表达某种主观意义的。这一点与“我想$_3$”在语义上是相容的。

11.3 “我想$_3$”的断言性

11.3.1 对谓词（predicate）可以从不同的角度进行分类，传统分类多从分布这个句法形式的角度进行，如及物和不及物等。如果从叙实性（factivity）这个语义的角度，则可以把带主谓结构宾语的谓词分为“叙实的（factive）”和“非叙实的（nonfactive）”两类（Kiparsky, C & Kiparsky, P 1970）。它们在语义上最重要的差别在于，叙实谓词包含说话人对宾语子句所表达的命题的真值的预设（presupposition），而非叙实谓词则不包含这种预设。如：

（35）作者认为逻辑学是研究推理的学科。

（36）作者指出逻辑学是研究推理的学科。

例（35）只是客观地陈述了一个事实（某作者对逻辑学的观点）。而例（36）不但陈述了这个事实，而且还预设（presuppose）说话人（隐含的“我”）也同意这个观点，即说话人（“我”）认为宾语子句表达的是一个真实的命题。

非叙实谓词主要是断言谓词。所谓“断言”，有两层意思，一是指对某事或某物发表一个主观的看法或意见，二是指对该事物所发表的主观的看法或意见。断言谓词（assertive predicates），如“宣称”“认为”“主张”等，是表示说话人（或主语所指称的对象）就某事物发表断言（assertion）或进行断言（assert）的。

上文说过，“我想$_3$”的宾语是句子性的（sentential），这个主谓结构宾语在语义上是表示说话人“我”的一种主观的看法、意见或观点。这种主观的东西就是一种断言。如：

（37）a. 大家都知道我离婚了。

b. 我想大家都知道我离婚了。

例（37a）是个已然性叙实句（“知道”属于叙实动词），客观地陈述一个事实（我离婚了这件事大家都知道）[①]，可以看作逻辑上的一个命题，因而有真假之分。而例（37b）则不是陈述某个事实，

① 例（37a）中的“了”有两种理解，一种属于宾语，即：我离婚了大家都知道，一种属于主句，即：我离婚（这件事）大家都知道了。为简便起见，我们只取第一种理解。

而是表达“我”对某个情况（situation）的一种主观判断，即“我猜想大家都知道我离婚了”。虽然这个断言（assertion）本身有正确和错误之分，但发出这个断言的行为（assert）则无所谓真假。这种语义上的差别在句法形式上也有所体现，见上文例（6b—d）与例（7b—d）的对比。

11.3.2　前面说过，叙实谓词与非叙实谓词在语义上的主要差别在于，是否预设宾语是个真命题，而后者则没有这个预设。

这一点也适合于“我想$_3$”。断言谓词属于非叙实谓词，所以在语义上它也不存在这种预设。比较：

（38）我想老板想雇一个女的。（断言）

（39）我想到老板想雇一个女的。（叙实）

例（39）预设“老板想雇佣一个女性职员”是事实，而例（38）则不存在这个预设。

预设在语义上的一个重要特点是，不管命题是真是假它都必真。因此，叙实谓词的宾语从句所表达的命题的真值在任何情况下都保持不变（Hooper 1975）。比较：

（40）a. 我没想到老板想雇一个女的。

b. * 我想到/没想到老板想雇一个女的，结果他雇了一个男的。

例（40a）虽然是个否定句，但仍然预设“老板想雇一个女的”是事实。例（40b）不成立正是因为后续小句与这个预设相矛盾。

而断言谓词因为不存在这个预设，所以它的宾语从句的真值是可以改变的。比较例（41）与例（40b）：

（41）我想老板想雇一个女的，结果他雇了一个男的。

例（41）的后一小句表明“我想”的宾语从句是个假命题。

11.3.3　断言谓词与叙实谓词在句法形式上的主要差别在于，只有前者才允许它们的宾语被提前（preposed）。所谓宾语提前就是把宾语的全部或一部分提到谓词的前面去。上文说过，“我想$_3$”在句子中的位置比较自由，可以处在它的宾语的前面、后面或者中间，而叙实谓词则没有这种移位。比较：

（42）我想战争结束了。/ 战争我想结束了。/ 战争结束了我想。

（43）我想到战争结束了。/? 战争我想到结束了。/* 战争结束了我想到。

11.3.4　那么，“我想$_3$”位于句首和句末的这两种用法有什么不同呢？一般情况下，含有带主谓结构宾语的断言谓词的句子包含着两个断言。如例（44）a 在语义上包含 b 和 c 这两个断言（p 为命题，下同）：

（44）a. 我想老板想雇一个女的。

b. 我想 p，p = c。

c. 老板想雇一个女的。

从句法上说，断言 b 是句子 a 的主要命题；而从语义上说，a 包含两个被断言的命题，其中第二个命题（即宾语从句 c）是个间接命题。比较：

（45）Q：谁认为老板想雇一个女的？

A_1：我想老板想雇一个女的。

A_2：* 老板想雇一个女的，我想。

例（45）A_2 为什么不适合于作 Q 的答语？这是因为，后者要求的是确认例（44b）的主语，而前者却提供例（45）A_2 作为主要的断言，也就是答非所问。但是在一定的语境中，宾语从句在句法形式上也可以成为句子的主要命题。如下面的对话（招聘者与男性求职者）：

（46）Q：您看了我的申请了吗？

A_1：没有，我想老板想雇一个女的。

A_2：没有，老板想雇一个女的，我想。

A_3：没有，老板想雇一个女的。

在例（46）中讨论的断言是c，而断言b在这种语境中则显得很不重要，以至于把它完全删掉也不影响整个句子的意义，如例（46）A_3所示。

因此，宾语提前的作用就在于，它使断言动词的宾语（由主谓结构充当）所表达的命题成为整个句子的主要断言，而把原来的主句简化并降低到次要的或插入语的（parenthetical）地位。Hooper（1975）把断言动词的这种用法（例（46）所示）称为“插入语的用法”（parenthetical reading）。

11.3.5　断言谓词与非断言谓词在句法形式上还有一个明显的差别，那就是对是非问句的反应不同。当对一个带有断言谓词的句子进行是非提问时，会由于疑问焦点位置的不同而产生歧义。如：

（47）你想明天应该放假吗？

在这种问句中断言谓词组“你想”有两种解释，即上文所说的非插入语的和插入语的。① 比较：

（48）a. 你想明天应该放假吗？（不会吧）

b. 你想明天应该放假吗？（应该放吧）

在例（48a）中“你想”属于非插入语用法，整句意思是“明

① 请注意，例（47）与上文的例（8a）不同。后者是反诘问，而前者则是是非问。试比较例（8a）与例（8a'）、例（47）与例（47'）：

（8）a'. 你认为五点前咱们做得完吗？（是非问）

（47'）你想明天会放假吗？（反诘问）

天应该放假你这样认为吗”；而在例（48b）中“你想”则属于插入语，整句意思是“明天应该放假吗”。这说明，例（48a）和例（48b）的疑问焦点的位置是不同的。前者在主要从句，意思是问“你是不是认为明天应该放假”；而后者则在宾语从句部分，意思是问“明天应不应该放假”。实际上，这两种情形下语气词“吗”所属层次也不同，在前一种情况下，“吗”属于整个句子；在后一种情况下，“吗”属于宾语从句。[①] 即：

（48）a’. 你想明天应该放假＋吗？（非插入语）

b’. 你想＋明天应该放假吗？（插入语）

因此，当“你想”用于非插入语、疑问焦点在主句中时，例（47）的合适的肯定回答应该是：

（49）Q：你想明天应该放假＋吗？

A：是的，我是这样认为。

而当“你想”用于插入语、疑问焦点在宾语从句中时，例（47）的合适的肯定回答则应该是：

（50）Q：你想＋明天应该放假吗？

A：应该放。

而非断言谓词对是非问句的反应则与此不同。对一个带有非断

---

① 不同的断言谓词与语气词“吧”的搭配能力，及其可能具有的层次切分也不同。比较：

a_1. 你想明天应该放假＋吧？

a_2. 你想＋明天应该放假吧？

b_1. ？你认为明天应该放假＋吧？（？你这样认为吧）

b_2. 你认为＋明天应该放假吧？

c_1. 你以为明天应该放假＋吧？

c_2. ？你以为＋明天应该放假吧？（？你这样以为吧）

d_1. 你觉得明天应该放假＋吧？

d_2. * 你觉得＋明天应该放假吧？（* 你这样觉得吧）

言谓词的句子进行是非提问时，这种提问只影响到主句，而对宾语从句则没有影响。也就是说，疑问焦点只在主句中，而宾语从句不会成为疑问焦点。因此也就不会产生例（48）式的歧义。如：

（51）你想到明天要放假吗？（非插入语）

例（51）的疑问焦点在主句上，“吗”属于整个句子，整句的意思是“你想到（明天要放假）吗？”。因此，它的合适的问答应该是 A_1 而非 A_2：

（52）Q：你想到明天要放假吗？

A_1：想到了 / 没想到。

A_2：* 要放 / 不会。

又如下面的例（53），尽管其宾语从句比主语和谓语动词要长得多，但整个句子的重心还是在主句上（“记得”为非断言谓词）。因此，它的合适的回答只能是 A_1 而不能是 A_2。

（53）Q：你记得当时所有的孩子都在议论那个背着相机、怪里怪气的陌生人吗？（廊桥遗梦）

A_1：记得 / 不记得。

A_2：* 是的 / 没有。

例（53）在语义上实际相当于例（54）：

（54）当时所有的孩子都在议论那个背着相机、怪里怪气的陌生人，你记得吗？

11.4 “我想 $_3$”的弱断言性

11.4.1 这一节我们从与强断言谓词比较的角度讨论“我想 $_3$”的弱断言性。按照断言性的强弱，断言谓词可以分为强断言和弱断言言两类，如“认为”和“猜”。它们的共同点是，都既有插入语的用法，也有非插入语的用法。不过，这两种用法中有一种是优势用法（preferred reading）。就强断言谓词来说，其优势用法应该是作为非插入语。（Hooper 1975）如：

（55）Q：你主张人天生就应该平等吗？

A_1：主张。

A_2：？应该。

作为例（55）Q 的答语，A_1 显然要比 A_2 更常见。问话人用 Q 提问时更倾向于询问听话人是否持有宾语从句所表示的看法，而不是要听话人确认这种看法正确与否。

而就弱断言谓词来说，作为插入语的用法显然是更常见的。比如下面例（56）中“我想”的意义很弱，以至于完全删掉它也不会影响句子的语义。

（56）我想这大概是当年刮起的一股穷风。（王朔：看上去很美）

（57）我想/*主张，要说时髦，公安局的便衣最赶时髦。（王朔：玩儿的就是心跳）

11.4.2　断言性的强弱也就是说话人（或句子的主语）对宾语从句所表示的命题的肯定程度或相信程度（degree of commitment）。强断言谓词表示说话人对命题的真实性很肯定。因此在宾语从句这个断言（assertion）之外，它本身也是一个独立的断言，因而整个句子实际上包含有两个断言。如：

（58）我认为我们很平等。（王朔：玩儿的就是心跳）

相反，弱断言谓词则表示说话人对命题不很肯定，对其真值持有轻微的保留。因此当它作为插入语时，其语义内容已经弱化，本身并不是独立的断言，而只是用来标记说话人的态度。因而整个句子实际上只包含一个断言，即宾语从句部分。如：

（59）a. 主攻部队的情况，你掌握一些了。（邓友梅：我们的军长）

b. 我想主攻部队的情况，你掌握一些了。

二者几乎是同义的，被断言的都是宾语从句。唯一的不同在于，后者还包含一个作为插入语的陈述，而这个陈述却弱化了说话人相信宾语从句为真这个蕴涵，从而起到修饰这个断言的目的。下面这个例子很有意思：

（60）a. 马宗融先生的表大概是、我想是一个装饰品。（老舍：马宗融先生的时间观念）

它先用“大概”表示不很肯定的推测，后来又用“我想”来明确标示这个句子只是“我”的主观猜测。二者的意义和作用基本相同，因此互换位置后整句意思也不变。比较：

（60）b. 马宗融先生的表我想是、大概是一个装饰品。

c. 马宗融先生的表我想大概是一个装饰品。

从真值程度这个角度来说，弱断言谓词的宾语从句的肯定程度较低，从某种意义上说主要谓语（即弱断言谓词）实际上起了弱化宾语从句命题的真值、降低整个句子的肯定程度的作用。比如例（59a）与例（59b）相比，后者的肯定程度实际上还不如前者。

11.4.3　在句法形式上，弱断言谓词与强断言谓词和叙实谓词还有一个区别，那就是只有前者才允许对它的宾语从句部分进行附加提问（tag question）。比较[①]：

---

① 例（61）的附加疑问“对不对”是对宾语从句进行提问的。如果把例（61b）和例（61c）的主语换成“你”则可以成立，但这时附加疑问就不是针对宾语从句，而是针对主句的。

（61）a. 我想人天生就是平等的，对不对？（弱断言）

b. ？我主张人天生就是平等的，对不对？（强断言）

c. * 我知道人天生就是平等的，对不对？（叙实）

附加提问的作用在于征求听话人的同意，因而隐含着说话人对该命题的某种不肯定性。这本是弱断言谓词作为插入语时的特征，况且作为插入语又是弱断言谓词的优势用法。此外，像“我想”之类主语为第一人称的断言动词所表达的正是说话人的断言。因此对它来说，用附加提问来寻求听话人的肯定是再合适不过的。强断言谓词不包含对宾语从句的不肯定，叙实谓词则预设着宾语从句是一个真实的命题，因而在语义上都与附加提问相矛盾。

11.4.4　此外，弱断言谓词与强断言谓词对否定的反应也不同。在现代汉语中，弱断言谓词一般不能被“不”和“没 / 没有”否定。[①] 比较：

（62）a_1. 我猜她是日本人。

a_2. 你猜她是日本人吗？

b_1. * 我不猜她是日本人。

b_2. * 你不猜她是日本人吗？

c_1. ？我没 / 没有猜她是日本人。

c_2. ？你没 / 没有猜她是日本人吗？

而强断言谓词（如“主张”）则没有这种限制。如：

（63）我不 / 没 / 没有主张人天生就是平等的。

正如上文所述，断言动词“（我）想$_3$”已经没有动词的典型

① 值得注意的是，汉语和英语在这一点上明显不同。试比较：

a. I don’t think these living conditions are suitable.（Hooper 1975：105）

b. 我不 * 想 / 认为这些生活条件是舒适的。

特征了（特别是当它用于插入语时），如不能受“不”和“没/没有”否定等。[①] 比较：

（64）a. 我想人天生就是不平等的。

b. * 我不想人天生就是不平等的。

c. ? 我没/没有想人天生就是不平等的。

11.5 余论

11.5.1 除了“想”之外，现代汉语的弱断言谓词还有“看、猜、怕是”等。它们都可以表示说话人（或主语）的主观看法或推测，传统语法称之为插说成分。这些弱断言谓词在句法上也有许多相同之处，如都能带宾语从句、不能被否定、不能后加体助词等。如[②]：

（65）* 我不想/猜/看他会说法语。

（66）* 我没有想/猜/看他偷了东西。

（67）* 他想/猜/看你来过这里。

（68）* 我想/猜/看他会不会说法语。

11.5.2 叙实谓词和断言谓词虽然属于谓词的两种语义类型，但它们是建立在一系列句法形式的证据之上的。反过来说，正因为它们是语义类，而非纯形式类，因而才具有某种程度的普遍性，所以也能应用到汉语中来。正如 Kiparsky, C 和 Kiparsky, P（1970：

① 例（64c）“想”作为心理动词时可以成立。如：

Q：你是不是在想人天生就是不平等的？

A：没有，我没有想人天生就是不平等的。

② 例（68）“想”的从句如果是直接引语，即郑远汉（1983）所说的“记言式”，则可以成立。不过这种“想”不属于弱断言谓词，而是心理动词。

143）所指出的，这种研究的目的在于考察句法和语义之间的相互关系。其理论基础是句法现象都有语义解释，“一个特殊类的例外成员通常在句法特征和语义特征方面都是例外的”（Hooper 1975：93）。我们认为，这种语义和句法互动的理论方法应该是语法研究的发展方向。

11.5.3　叙实谓词和断言谓词是逻辑学（特别是语言逻辑）、语言哲学和语用学中研究得比较多的两类谓词，而以前国内语法学界似乎还没有人注意到这两类谓词（除沈家煊 1999 外）。从语义上来说，断言谓词是表达说话人的主观态度或观点的，因此可以说是除了能愿动词（助动词）之外表达情态意义的一种手段。不过，本章只是以个案研究的形式考察了其中的一个例子“想”。至于其他断言谓词和叙实谓词，则留待以后继续研究。

第十二章 黄梅方言的可能补语式

12.1 可能补语式与情态的关系

12.1.1 可能补语结构是汉语中一种比较特殊的句法结构，过去对它的研究虽然比较多，但大多只考虑其句法形式方面的问题。实际上，所谓可能补语就是表示可能意义的一种动补结构，而可能意义则是一种典型的情态意义。因此如果从语义角度考虑，我们就会发现所谓可能补语结构实际上是汉语表达情态意义的一种方式，而且是一种重要的方式。① 为叙述方便，本章称之为“可能补语式”。

关于普通话的可能补语式所表达的情态意义，柯理思（2001a，2001b）等已有研究。本章考察黄梅方言中的可能补语式所表示的情态意义。

12.1.2 黄梅地处鄂、皖、赣三省交界处，是湖北省最东南的一个县，行政上隶属于黄冈地区（现黄冈市）。湖北东部的方言过去称为楚语，所谓的楚语主要是指鄂东的黄冈方言。黄冈地区大部分县市的方言一般被归到江淮官话（下江官话），不过内部各地方言也不尽相同。比如黄梅县的方言，在许多学者的研究中就没有归

① 从情态语义的角度看，可能补语结构可以表示能力、根可能和认识可能等多种情态意义。关于这一点，可参见柯理思（2001a，2001b）等。

属（如鲍明炜 1993）。

目前对黄梅方言语法现象的研究还比较少。本章尝试对黄梅方言的可能补语式进行考察，并通过与普通话的比较，来讨论汉语可能补语式在表达情态意义时的特点和规律。

12.2　可能补语的四种格式

12.2.1　黄梅方言中的结构助词是“得 [ti]”，读轻声，可用于偏正结构和述补结构。后者包括可能补语、状态补语和程度补语等。举例如下：

可能补语：多远也看得倒这么远也能看见、多远看不倒这么远看不见、一碗饭就吃得饱一碗饭就能吃饱、许多饭么吃不饱这么多饭怎么吃不饱

状态补语：说得几好做得几差说得很好做得很差、把她气得阿哭把她气得大哭

程度补语：外头黑得伸手不见五指、天热得睏不着天热得睡不着

12.2.2　从格式上看，黄梅方言可能补语式有四种类型，即：

A：V 得 R/V 不 R。

B：V 得倒 /V 不倒、V 得来 /V 不来。

C：V 得得 /V 不得。

D：得得 V/ 不得 V

这四种格式在表义上有比较明确的分工。先分别举例如下，下文再分别论述。

（1）睏得着 / 睏不着睡得着 / 睡不着

（2）说得倒 / 说不倒会说 / 不会说

（3）吃得得 / 吃不得能吃 / 不能吃

（4）得得回 / 不得回回得了 / 回不了

12.3 A式

A式与普通话“V得R/V不R”基本相同，主要差别在于宾语位置的不同。当A式再带宾语时，动词、补语和宾语共有四种排列方式，即：

A_1：V得RN/V不RN。如：

（5）听得懂话/赶得上车/夆得开门推得开门

A_2：NV得R/NV不R，即宾语前置句首做话题。如：

（6）话听得懂/车赶得上/门夆得开

A_3：VNV得R/VNV不R，即重复主要动词，再分别与宾语和补语结合。如：

（7）听话听得懂/赶车赶得上/夆门夆得开

A_4：V得NR，即宾语名词插到“得”和补语中间。如：

（8）听得话懂/赶得车上/夆得门开

其中A_4式是普通话所没有的。普通话可能补语带宾语时，宾语名词只能放在整个述补结构之后（朱德熙1982：132）。黄梅方言的例子如：

（9）他细伢几聪明，才一岁就听得话懂。他的小儿子很聪明，才一岁就听得懂话。

（10）这个人几会跑，赶得车上。这个人很会跑，赶得上车。

（11）这伢好大力，夆得门开。这个小孩儿好大的力气，推得开门。

而且在黄梅方言中，宾语名词更常见的位置似乎是在结构助词“得”和补语之间，而不是在整个述补结构之后，因为前者使用更广。试比较：

（12）饭吃得饱/吃饭吃得饱/吃得饭饱/？吃得饱饭

（13）粥吃得饱 / 吃粥吃得饱 / 吃得粥饱 /* 吃得饱粥

不过，“V 得 NR”这种格式有一个限制，那就是它只能用于肯定式，而不能用于否定式。也就是说，在否定的可能补语式中宾语不能插在“得”和补语中间。比较：

（14）听不懂话 / 话听不懂 / 听话听不懂 /* 听不话懂

赶不上车 / 车赶不上 / 赶车赶不上 /* 赶不车上

绎不开门 / 门绎不开 / 绎门绎不开 /* 绎不门开

另外，当宾语名词较复杂时，也倾向于用第二种（宾语前置作话题）和第一种（宾语后置）。宾语越复杂，这种倾向越明显。比较：

（15）记得住名字 / 名字记得住 / 记得名字住、记得住这人的名字 / 这人的名字记得住 /? 记得这人的名字住、记得住这人的名字和那人的名字 / 这人的名字和那人的名字记得住 /* 记得这人的名字和那人的名字住

12.4　B 式

12.4.1　B 式为“V 得倒 /V 不倒”“V 得来 /V 不来”，其中的“倒”和“来”没有实在意义。普通话中表示可能的“V 得了 / V 不了”和“V 得来 /V 不来”中的“了”和“来”也没有实在意义，其作用仅在于与结构助词“得”构成可能补语结构。柯理思（2001a）称之为“虚补语”，又叫傀儡补语（dummy complement）。

很多汉语方言都有虚补语，但不一定都用“了”（柯理思 2001a）。黄梅方言的这种可能补语结构与普通话相比有两个不同之处：

第一，“了（liǎo）”不能作虚补语。

在普通话中，“V 得了（liǎo）/ V 不了（liǎo）”中的“了”已失去“完成、结束”义，如“去得了 / 去不了”。要表示“完结”义，则要说“V 得完 /V 不完”。而在黄梅方言中，“V 得了 / V 不了”中的“了（liǎo）”没有虚化，还具有实在意义，表示“完结”。比较：

（16）普通话：吃得了 / 吃不了＝能吃 / 不能吃

黄梅话：吃得了 / 吃不了＝吃得完 / 吃不完＝能吃完 / 不能吃完

而且，当这种述补结构带宾语时，宾语位置比较自由，可以位于“了”后，也可以位于“得”与“了”之间。如：

（17）a. V 得了 N：喝得了斤把白酒能喝一斤左右的白酒

b. V 得 N 了：喝得斤把白酒了

c. N V 得了：斤把白酒喝得了

d. VN_1V 得 N_2 了：喝酒喝得斤把了

例（17a）和例（17c）中的“了”与普通话“V 得了 /V 不了”中的“了”不同，它自身还有实在的意义（表示“完”）。比较例（17b）和例（17d）就可以看出，后两种结构（“V 得 N 了”和“VN_1V 得 N_2 了”）是普通话所没有的。

第二，在黄梅方言中，相当于普通话“V 得了 /V 不了”中“了”的虚补语是“倒”。见下文。

12.4.2　黄梅方言中，第一类由虚补语构成的可能补语式为：

B_1：V 得倒 /V 不倒

其中“倒”，音为 [tau]，读轻声。这种可能补语结构表示主语（施事）有无能力做某事。如：

（18）写得倒 / 写不倒、说得倒 / 说不倒、吃得倒 / 吃不倒、走

得倒 / 走不倒

B_1 式与普通话有两点不同。从意义上说，普通话的虚补语“V 得了 /V 不了”既可以表示能力，也可以表示客观可能（即根可能），还可以表示说话人的主观判断（即认识可能）。而黄梅话的“V 得倒 /V 不倒”一般只表示能力，而不表示根可能或说话人的主观判断。比较：

（19）普通话：我明天有事，来不了。（客观可能）

黄梅话：* 我明天有事，来不倒。

（20）普通话：这件衣服便宜不了。（主观判断）

黄梅话：* 这衣裳便宜不倒。

因此，黄梅话的虚补语结构“V 得倒 /V 不倒”并不等于普通话的“V 得了 /V 不了”，前者只表达后者的一部分意义。

除了“V 得了 /V 不了”外，普通话的“会 V”与“能 V”也可以表示能力，但它们之间有差别。前者多表示先天具有某种本领，而后者则多表示经过学习而获得的技能（朱德熙 1982：62）。从这个意义上说，黄梅话的虚补语结构“V 得倒 /V 不倒”只与普通话“会 / 不会 V”对应，而与“能 / 不能 V”不同。如：

（21）写得倒＝会写≠能写、写不倒＝不会写≠不能写、说得倒＝会说≠能说、说不倒＝不会说≠不能说

在黄梅话中，“V 得倒 /V 不倒”中的 V 只限于及物动词，不及物动词和形容词都不能进入这种结构。这是与普通话“V 得了 / V 不了”的第二个不同。试比较：

（22）普通话：来得了 / 来不了、去得了 / 去不了、回得了 / 回不了、好得了 / 好不了、错得了 / 错不了

黄梅话：* 来得倒 /? 来不倒、* 去得倒 /* 去不倒、* 回

得倒 /* 回不倒、* 好得倒 /* 好不倒、* 错得倒 /* 错不倒

双音节动词似乎只能进入否定式“V 不倒”，而不能进入肯定式“V 得倒”。如：

（23）？考虑得倒 / 考虑不倒

与 A 式相似，B_1 式的宾语既可以在整个述补结构之后，也可以位于助词“得”与补语“倒”中间。如：

（24）写得倒字 / 字写得倒 / 写字写得倒 / 写得字倒

说得倒话 /？话说得倒 / 说话说得倒 / 说得话倒[①]

吃得倒饭 / 饭吃得倒 / 吃饭吃得倒 / 吃得饭倒

走得倒路 /？路走得倒 / 走路走得倒 / 走得路倒

打得倒毛衣 / 毛衣打得倒 / 打毛衣打得倒 / 打得毛衣倒

（25）这伢这么点大就写得字倒。这个小孩这么小就会写字。

这伢多大还说不倒话。这个小孩这么大还不会说话。

我一年搞得十万块钱倒。我一年能挣十万块钱。

但是在否定式中，宾语则不能插到“得”与补语之间。比较：

（26）写不倒字 / 字写不倒 / 写字写不倒 /* 写不字倒

说不倒话 /？话说不倒 / 说话说不倒 /* 说不话倒

吃不倒饭 / 饭吃不倒 / 吃饭吃不倒 /* 吃不饭倒

走不倒路 /？路走不倒 / 走路走不倒 /* 走不路倒

打不倒毛衣 / 毛衣打不倒 / 打毛衣打不倒 /* 打不毛衣倒

（27）a. 我一年搞不倒十万块钱。我一年挣不到十万块钱。

b. * 我一年搞不十万块钱倒。

---

①“话说得倒”和下面的“路走得倒”之所以不自然，是因为句首做话题的“话”和“路”倾向于通指，如果换成有定形式则很自然。如：

这话说得倒这种话会说

那路走得倒那种路会走

这一点与长沙话正好相反。在长沙话的可能补语的否定式中，宾语名词可以移到结构助词“得”之前（张大旗 1985）。比较：

（28）长沙话：冒带房门钥匙，进不门得，煮不饭得。（张大旗 1985）

黄梅话：冇带屋门钥匙，进不倒门，煮不倒饭。

张清源（1996）指出，成都话的“—得倒 /—不倒”可以插在复合动词中间。黄梅话的虚补语“—得倒 /—不倒”也有这种用法。不过，其肯定式的语序倾向为“V 得 N 倒”，而不是成都话的“V 得倒 N”，特别是结合比较紧密的复合动词。如：

（29）走得路倒 / 走得倒路 / 走不倒路

划得水倒 / 划得倒水 / 划不倒水会游泳 / 不会游泳

剃得头倒 /？剃得倒头 / 剃不倒头

兀得饭倒 /？兀得倒饭 / 兀不倒饭会做饭 / 不会做饭

黄梅话的虚补语式“V 得倒 /V 不倒”还有一个特点，那就是在口语中说得很快时，动词和补语之间的结构助词“得”往往被省略掉，特别是在一问一答式的对话中。如：

（30）——这字你写得倒 / 写倒呗？这个字你会写吗？

——写得倒 / 写倒。

（31）——你骑自行车倒呗？你会骑自行车吗？

——骑倒。

当“得”被省略时，宾语的位置更倾向于在动词和补语之间，而不是补语之后。如：

（32）a. 这伢说话倒。这个小孩儿会说话。

b.？这伢说倒话。

（33）a. 这鸟唱歌倒。这只鸟会唱歌。

b. ？这鸟唱倒歌。

由复合动词构成的可能补语更倾向于省略“得”。如例（29）多半说成例（34）：

（34）走路倒 / 走倒路　划水倒 / 划倒水　兀饭倒 / 兀倒饭　剃头倒 / 剃倒头

这大概就是结合越紧密的动宾式复合动词，其肯定式越倾向于采用“V 得 N 倒”语序的原因。因为其中的助词“得”省略后，复合动词内部没有被其他成分隔开。

值得注意的是，双音节动词在助词“得”省略后，可以进入这种述补结构。如：

（35）a. 我乃考虑倒许多事？我哪里能考虑许多事情？

例（35a）中的“倒”，从表面上看似乎等于普通话中作补语的“到”，如“想到”“考虑到”等。实际上二者是不同的，因为前者的宾语可以移到动词与补语之间，而后者则不能。比较：

（35）黄梅话：b. 我乃考虑许多事倒？

（36）普通话：a. 我考虑不到这么多事情。

b. * 我考虑这么多事情不到。

12.4.3　第二类由虚补语构成的可能补语式是：

B_2：V 得来 /V 不来

这个“来”一般只表示主语（施事）本身的能力，而不表示根可能义或说话人的主观判断。如：

（37）这题我做得来 / 做不来。这个题我会做 / 不会做。

（38）怎么说我说不来。怎么说我不会说。

（39）你名字我叫得来 / 叫不来。你的名字我叫得出 / 叫不出。

它在表义上与 B_1 式似乎没什么明显不同。如例（37）—例

（39）也可以分别说成“这题我做得倒/做不倒”“怎么说我说不倒”和“一千块钱搞得倒/搞不倒”。而且与“V得倒/V不倒”相同，不及物动词和形容词也不能进入这种结构。如：

（40）*去得来/*去不来、*好得来/*好不来、*错得来/*错不来

此外，在肯定式中助词“得”也可以省略。如“这题我做来”“你名字我叫来”。这一点与普通话的“V得来/V不来”不同。

不过，这种述补结构的后面似乎不能再带宾语，宾语多半要放在句首，或者在肯定句中放在助词“得”和补语“来”中间。如：

（41）a. 我做得这题来。

b.？我做得来这题。

（42）a. 洋话我说不来。外语我不会说。

b.？我说不来洋话。

c.*我说洋话不来。

12.5　C式

12.5.1　C类可能补语式是“V得得/V不得”，其中后一个“得”，音为[tæ]，读轻声。这种述补结构相当于普通话的“V得/V不得”。它既可以表示外在事物适合/不适合某种用途，如：

（43）这东西有毒，吃不得。

（44）有的蘑菇吃得得。

也可以表示外在条件、环境（如社会道德等）允许/不允许做某事。如：

（45）意话说不得。那种话不能说。

（46）自家伢当然说得得。自己的儿子当然能训斥。

还可以表示主语（施事）自身的内在条件适合 / 不适合做某事。如：

（47）他牙齿痛，吃不得。他牙齿痛，不能吃（饭）。

（48）他病好了，吃得得。他的病好了，能够吃（饭）。

12.5.2　与“V 得倒 /V 不倒”相同，“V 得得 /V 不得”中的 V 也不能是形容词。如：

（49）* 好得得 /* 好不得、* 错得得 /* 错不得、* 坏得得 /* 坏不得

不过与“V 得倒 /V 不倒”和普通话“V 得 /V 不得”不同，不及物动词可以进入这种补语式。比较：

（50）黄梅话：a. 他病了，来 / 去不得。他病了，不能来 / 去。

b. 他病好了，来 / 去得得。

普通话：a. * 来不得 /? 去不得

b. * 来得 /* 去得

12.5.3　在表义上，C 类“V 得得 /V 不得”与上文的 B_1 类“V 得倒 /V 不倒”有很明显的分工。试比较：

（51）a. 这细伢吃得倒饭。

b. 这细伢吃得得饭。

例（51a）表示这个小孩儿已经足够大，自己会吃饭，知道怎么吃饭（如怎么用筷子等）。而例（51b）则表示这个小孩儿岁数或身体状况等允许吃饭，可以吃饭，往往是别人喂他吃，而不是自己知道怎么吃。

因此，黄梅话的“V 得得 /V 不得”在表义上与普通话的“能 V”和“可以 V”对应，而与“会 V”不同。如下面两组例子意思相同：

（52）黄梅话：吃得得 / 吃不得、走得得 / 走不得、骑得得 / 骑不得

普通话：能吃 / 不能吃、能走 / 不能走、能骑 / 不能骑

也就是说，C 类“V 得得 /V 不得”与 B_1 类“V 得倒 /V 不倒”的差别平行于普通话的“能 V”“可以 V”与“会 V”之间的差别。如例（51a）和例（51b）分别相当于普通话的例（53a）和例（53b）：

（53）a. 这个小孩儿会吃饭。

b. 这个小孩儿能吃饭 / 可以吃饭。

我们再比较下面的两组例子，对比是很明显的：

（54）a. 这伢长大了，走得倒路。这个小孩儿长大了，会走路了。

b. * 这伢长大了，走得得路。

（55）a. * 他病好了，走得倒路。

b. 他病好了，走得得路。

不过与“V 得倒 /V 不倒”相同的是，黄梅话的“V 得得 /V 不得”也不表示根可能义或说话人的主观判断。如：

（56）a. 他不好过，来不得。他的身体不舒服，不能来。（适合义）

b. * 他明日有事，来不得。（可能性）

（57）a. 这东西好重要，丢不得。这东西很重要，不能丢失。（允许义）

b. * 这衣裳便宜不得。（主观判断）

12.5.4 C 类可能补语式“V 得得 /V 不得”的宾语也有上文所说的四种位置，特别是宾语也可以处在结构助词“得”与补语“得”之间，但在否定式中则不行。如：

（58）a. 走得得路 / 路走得得 / 走路走得得 / 走得路得

b. 走不得路 / 路走不得 / 走路走不得 /* 走不路得

（59）a. 病好了，骑得得车 / 骑得车得病好了，（身体状况）可以骑车

b. 病冇好，骑不得车 /* 骑不车得病没有好，（身体状况）不能骑车

上文说过，B_1 类虚补语"—得倒 /—不倒"可以插入到复合动词中间。C 类可能补语"—得得 /—不得"也有这种用法。如：

（60）a. 划得得水 / 水划得得 / 划水划得得 / 划得水得（身体状况允许）可以游泳，能够游泳

b. 划不得水 / 水划不得 / 划水划不得 /* 划不水得（身体状况不允许）不可以游泳，不能够游泳

（61）a. 吃得得苦 / 苦吃得得 / 吃苦吃得得 / 吃得苦得（个人主观条件）能够吃苦

b. 吃不得苦 / 苦吃不得 / 吃苦吃不得 /* 吃不苦得（个人主观条件）不能吃苦

12.5.5 C 类"V 得得 /V 不得"中的结构助词"得"可以省略，特别是在语流中或一问一答中（这一点与 B_1 类"V 得倒 /V 不倒"相同）。如：

（62）吃得饭 / 划得水 / 骑得车 / 吃得苦 / 走得路

（63）—你病好没？去得呗？你的病好了吗？能去吗？

—好了，去得。

不过，它与普通话的"V 得 /V 不得"有一个明显不同。普通话的"能 V"的主语既可以是施事，也可以是受事；而表示"允许、适合"义的"V 得 /V 不得"的主语则只能是受事，而不能是施事。如：

（64）a. 这种蘑菇能吃 / 不能吃。

b. 这种蘑菇吃得 / 吃不得。

（65）a. 这个小伙子能吃 / 不能吃。

b. * 这个小伙子吃得 /* 吃不得。

而黄梅方言的“V 得得 /V 不得”与普通话的“能 V”相同，其主语可以是施事，因而与“V 得 /V 不得”不同。如：

（66）a. 他哥吃得，也做得。他的哥哥能吃，也能干活。

b. 他妈吃不得，也做不得。他的妈妈不能吃，也不能干活。

12.6　D 式

上文说过，黄梅话中的“V 得倒 /V 不倒”和“V 得得 /V 不得”都不能表示根可能或说话人的主观判断。在形式上形容词都不能进入这两种结构（前者不及物动词也不能进入，后者虽然允许不及物动词进入，但只能表示“允许、适合”义）。那么在黄梅话中，这两种情态意义是如何表达的呢？这就是黄梅话的 D 类可能补语式“得得 V/ 不得 V”。如：

（67）我明日有事，不得来。我明天有事，来不了。

D 类可能补语式可以表示两种意义：一是客观情况引起的可能性，即根可能。如：

（68）他明日冇得事，得得来。他明天没有事，来得了。

二是表示说话人对命题的主观判断，即认识可能。如：

（69）这衣裳看样子不得便宜。这件衣服看样子便宜不了。

与上述 B_1 类“V 得倒 /V 不倒”和 C 类“V 得得 /V 不得”不同，D 类可能补语式中的 V 既可以是及物动词，也可以是不及物动词，还可以是形容词。如：

（70）外头下大雨，我不得去。外面下大雨，我去不了。

（71）日头落山丢，他肯定不得回。太阳落山了，他肯定回来不了。

（72）肉放在冰箱里就不得坏。肉放在冰箱里就不会坏。

（73）—这种病得得好呗？这种病好得了吗？

—得得好。好得了。

—不得好。好不了。

因此与上述四种可能补语结构 A、B_1、B_2 和 C 相比，“得得 V/ 不得 V”这种补语式有两个特点，一是它主要表示认识意义，而不是能力或允许；二是它能结合的谓词更广泛（除了及物动词，还包括不及物动词和形容词）。

12.7 小结

上文我们详细考察了黄梅方言中的各种可能补语式的语义和句法问题。从我们的分析看，黄梅方言的可能补语式的类型很有系统性，四类可能补语式在表义和功能上呈现互补分布的状态。具体地说就是，A 类“V 得 R/V 不 R”与普通话基本相同；B 类“V 得倒 /V 不倒”“V 得来 /V 不来”表示能力义；C 类“V 得得 /V 不得”表示允许 / 适合义；D 类“得得 V/ 不得 V”表示根可能和认识判断义。C 类对应于普通话的“V 得 /V 不得”，而 B 类和 D 类合起来则正好对应于普通话的“V 得了 /V 不了”。

第十三章 《原本老乞大》中的能愿动词

13.1 关于《原本老乞大》

《老乞大》是朝鲜历史上使用的一种汉语教科书，它最早产生于元代，其内容是关于商旅贸易的会话，因而是一种难得的关于元代汉语的研究资料。

《老乞大》有很多不同的版本，各版本由于产生的时代不同，相互之间存在差异。[①] 目前研究者一般使用的是《老乞大谚解》，该本经过了明代的修改。本章所依据的则是新近出版的《原本老乞大》的影印本，该本是 1998 年在韩国新发现的，据研究，它大体上反映元代的汉语，是目前《老乞大》系列中最早的版本。[②]

本章考察《原本老乞大》中的能愿动词，目的是通过这种考察来研究元代汉语的能愿动词的面貌及其与现代汉语的差别。同时为了反映时代的差别，本章也比较了原本与谚解本（《老乞大谚解》）和新释本（《老乞大新释》）之间的不同。

---

① 关于《老乞大》的版本，可参考朱德熙（1958）、太田辰夫（1992：166—181）、梁伍镇（2000）和《原本老乞大》中的《原本老乞大解题》。

②《原本老乞大》，（韩国）郑光主编，外语教学与研究出版社 2002 年。

13.2 能力类

在《原本老乞大》中，表示能力的能愿动词只有“会”。这种意义的“会”共出现5例，其中带谓词性宾语的2例（例（1）—例（2）），带名词性宾语的3例（例（3）—例（5））。

（1）俺是高丽人，都不会爨肉。

（2）我更嘱咐恁些话，那帖落不吃水，恁不会摆时，帖落上絟著一块砖头者。

（3）这伴当，你敢不会煮料的法度。

（4）那的俺自会的，索甚么你教？

（5）俺汉儿言语不甚会的，路上吃的马匹草料以至安下处，全是这哥哥生受。

其中（4）（5）两例宾语放在“会”前。

在《原本老乞大》中，能愿动词“会”只有表示能力的用法（即“会$_1$”），还没有表示可能的用法（即“会$_2$”）。①

13.3 意愿类

在《原本老乞大》中，表示意愿的能愿动词有五个：“肯”“敢”“要”“待”和“索”，但没有“想”“想要”“要想”“愿”“情愿”和“愿意”等。

13.3.1 能愿动词“肯”共出现14例，表示愿意做某事。其中带谓词性宾语的有4例。如：

① 太田辰夫（1987：187）认为，“会”原来是“领会、领悟”的意思，到了宋代才演变为表示能力和可能的助动词。

（6）兀那人家，俺恰才粜米去来，不肯粜与。

（7）使不得呵，你肯要那？

单用的10例，这其中有9例可看作“肯”后面省略了动词宾语。如：

（8）那般者，教你受礼，坚执不肯。

（9）我与你四定钞，肯时卖，你不肯时，赶将去。

例（8）可以说成“教你受礼，坚执不肯受礼”，例（9）可以说成“肯卖时卖，你不肯卖时，赶将去”。只有1例似乎不能说是省略了动词宾语：

（10）添不得，肯时肯，不肯时罢。

→？添不得，肯卖时肯卖，不肯卖时罢。

13.3.2 能愿动词“敢”共出现24例。它有两种意义：一是表示有勇气或胆量做某事，有11例。如：

（11）似这般带累人家，怎么敢留恁宿？

（12）底似的汉儿言语说不得的上头，不敢言语。

普通话的能愿动词“敢”用于第一人称主语（表示说话人）的问句时，句子多为反问句（反诘问），而不会是是非问（真性问）。因为从认知上说，说话人应该比听话人更了解他自己的意愿。而在《原本老乞大》中，表示意愿的能愿动词“敢”却可以用于真性问句（是非问）：

（13）主人家哥，小人更有一句话，敢道么？

这是旅店客人求主人粜些米和草料时说的话，很明显不是反诘句。在《老乞大新释》中，这句话被改为否定的陈述句：

（14）主人家，我又有一句话要说，心里蹰躇，不敢开口。

《老乞大新释》刊行于1761年，从这例可以看出二者的语言有很大的不同。

“敢”的第二种意义是表示推测，下文再讨论。

13.3.3 能愿动词“要”共出现6例。也有两种意义：一是表示意愿（即“要$_2$”），想要、打算做某事，有4例。如：

（15）客人每，你这马待要卖那？

（16）俺买呵，买一两个自穿的不是，一发买将去要觅些利钱。

二是表示必要（即“要$_1$”），下文再讨论。

在《原本老乞大》中，能愿动词“要”还没有表示可能和将要（即“要$_3$”）的用法。[①] 在《老乞大新释》中，则有这种用法。如：

（17）明星高了，天待要明了。

13.3.4 能愿动词“待[②]”在《原本老乞大》中共出现22例。它有两种意义：一是表示主语（施事）的意愿，相当于普通话的“要”，有15例。如：

（18）那般呵更好，俺也待卖这几个马去。

（19）这般呵，我待近日回程，几日好？

（20）俺则是赶著这几个马，又无甚么钱本，那厮每待要俺甚么？

（21）这般价钱不卖，你更待想甚么？

这种用法的“待”也可以与能愿动词“要”连用。如：

（22）客人每，你这马待要卖那？

这个“待”相当于普通话的“想”。例（20）在《老乞大新释》中就被改为“那贼们想要我们甚么”。

---

① 太田辰夫（1987：191）指出：“‘要’表示单纯的未来的用法……是时代再晚些才出现的，宋元以后能见到。”

② 动词“待”一般不看作能愿动词（助动词），但从功能和意义（“要、打算”，《现代汉语词典》第6版第251页）看，与一般能愿动词并无不同。如：

待说不说。（《现代汉语词典》第6版第251页）

待要上前招呼，又怕认错了人。（同上）

这15例表示意愿的“待”，在《老乞大谚解》和《老乞大新释》中分别有9例和11例被改为能愿动词“要”。有意思的是，例（21）在两本书中被分别改为“你还要想甚么”和“你还想要甚么”。

“待”的第二种意义表示说话人的推测，下文再讨论。

13.3.5 “索”是《原本老乞大》中特有的一个能愿动词，共出现8例。也有两种意义：一是表示说话人的主观意愿，相当于普通话的“要”或“想”。有3例：

（23）我拿著马，恁净手去。我不索净手。

（24）我是索不要。

（25）不索，今日忙，明日再厮见吃酒也不迟里。

例（24）是一个买了病马的商贩说的话，意思是“不想要（那些马）”。例（25）是一个从高丽来的商贩谢绝同乡请他喝酒时说的话，在《老乞大谚解》中被改为“不要”。例（23）在《老乞大谚解》和《老乞大新释》中则都被改为“不要”。

“索”的第二个意义是表示必要，下文再讨论。

13.4 许可类

在《原本老乞大》中，表示许可的能愿动词是“许”和“得”，没有“可以”和表示禁止的“别”，也没有用于表示许可的“能”“可”和“能够”等。

13.4.1 表示许可的“许”只出现1例，且用于否定句中：

（26）成交已后，各不许番悔。

在现代汉语中，能愿动词“许”也多用于否定句或双音节中。比较：

（27）a. 成交以后不许反悔。

b. * 成交以后许反悔。

c. 只许成功，不许失败。

13.4.2　能愿动词“得”在《原本老乞大》中出现 3 例，它有两种用法：一是表示许可，有 2 例，都是用于否定句中：

（28）俺不是不教恁宿，官司排门粉壁，不得安下面生歹人。

（29）如今官司好生严，省会人家，不得安下面生歹人。

在现代汉语中，能愿动词“得（dé）”也多用在否定句和条件句中。比较：

（30）a. 不到十二点不得休息。

b. 到了十二点才得休息。

c. * 到了十二点得休息。

“得”的第二种用法是表示可能，下文再讨论。

13.5　必要类

在《原本老乞大》中，表示必要的能愿动词是“要”和“索”，没有“应”“该”“应该”“应当”和“必得”等。

13.5.1　表示必要的能愿动词“要”（“要$_1$”）在《原本老乞大》共出现 2 例，用法与现代汉语基本相同。

（31）也索投人家寻饭吃里，却不说“好者千里客，万里要传名”。

（32）凡事要谨慎行呵，卓力男儿人；父母名德辱磨了呵，别人唾骂也。

13.5.2　上文说过，“索”是《原本老乞大》中特有的一个能愿动词。它除了表示意愿外，还可以表示必要性，即应该如何、不得不怎么样等。有 5 例。如：

（33）也索投人家寻饭吃里，却不说“好者千里客，万里要传名”。

这种用法的“索”可以与表示必要的副词连用。如：

（34）须索限几日。

也可以被否定副词“不”否定。如：

（35）你既卖时，也不索你将投市上去，则这店里有者，俺与恁寻主儿都卖了。

（36）你这房里无人，不索去。

（37）不索多说，你既知道价钱，你与多少价钱？

例（33）和例（34）表示客观情形需要如此；例（35）和例（37）表示没有必要如此，不必，不用；例（36）则是表示劝阻，不应该如此。例（33）、例（34）和例（36）在《老乞大谚解》中都被改为“要”。

13.6 可能类

在《原本老乞大》中，表示可能的能愿动词有六个：“能”“能勾（能够）”“可”“得”“待”和“敢”，没有“会”（表示可能，即“会$_2$”）、“可能”和“可以”等。这里所说的可能，从情态的角度说包括根可能和认识可能。

13.6.1 表示可能的“能”在《原本老乞大》中只出现 1 例，其意义和用法与现代汉语基本相同。

（38）这镘刀是俺亲眷家的，不付能哀告借将来，风刃也似快。

这句话意思是说没想到能够如此，与普通话的“我没想到他能来”中的“能”类似。这种“能”表示的是根可能的意义，即客观条件所决定的可能。

13.6.2　表示可能的“能勾（能够）”也只出现 1 例，与普通话的“能够”相似。

（39）他每若是歹人来历不明呵，怎生能勾到这里来？

这一例的“能勾”也是表示根可能的意义，换成能愿动词“可能”，意思不变。

13.6.3　“可”在《原本老乞大》中只出现 1 例，表示客观可能，即根可能。

（40）消痞丸、木香分气丸、神穹丸、槟榔丸，这几等药里头，堪中服可治饮食停滞，则吃一服槟榔丸。

这一例是说这些药物具有“治饮食停滞”的条件和可能，这个“可”可以换成普通话的“可以”或“能够”。

13.6.4　上文说过，能愿动词“得”在《原本老乞大》中可以表示否定的许可（禁止）意义。除此之外，它还可以表示可能的意思，这种用法只出现 1 例。

（41）这帖落是不吃水，怎生得倒？

“帖落”是一种打井水的工具，这句话是说帖落不吃水，怎么样才能让它倒向下。“得”的主语是无生命的事物，可见它表示的是一种客观可能，即根可能。

13.6.5　“待”在《原本老乞大》中除了表示意愿外，还可以表示说话人的主观推测，即一般所说的认识可能（epistemic possibility）。这种用法的“待”相当于普通话的“要$_3$”（表示认识意义），有 7 例。

（42）鸡儿叫第三遍也，待明去也。

（43）明星高也，天道待明去也。

（44）店子待到也，咱每吃些甚么茶饭好？

（45）俺才到这里，恰待寻恁去来，你却来了。

（46）俺行货都卖了也，正待买回去的行货，寻思不定，恰好你来到。

（47）这店里都闭了门子也，待有甚么人入来？

（48）待亏恁多少？

例（42）—例（44）表示对将来的预测，相当于普通话的“将要”。其中例（42）、例（43）都由两个分句组成，表示根据某一已知信息（前一分句），说话人推测可能出现某种事件或状态（后一分句）。例（45）、例（46）都是指未然的事件，表示说话人将要做某事，相当于普通话的“要$_3$”（表示将要）。前者在《老乞大新释》中被改为“刚要”，后者在《老乞大谚解》和《老乞大新释》中都被改为“正要”。例（47）、例（48）则表示说话人对未来的主观预测，相当于普通话的“会$_2$”（表示可能）。

13.6.6　上文说过，能愿动词“敢”可以用于表示意愿的意义。除此之外，它在《原本老乞大》中还可以表示说话人对某一事件或状态的主观推测，即一般所说的认识可能。这种用法的“敢”共有13例。悉列如下：

（49）这伴当，你敢不会煮料的法度。

（50）那般者，你敢惯打水？

（51）你敢不理会的（得）马齿岁。

（52）你敢年纪大，怎么受礼？

（53）敢有三十里多地。

（54）马敢吃了草也，饮水去。

（55）参儿高也，敢到半夜也。

（56）有个后生来，这里不见也，敢出去了。

（57）大医说，你脉息浮沉，你敢伤著冷物来？

（58）咱每都去了时，这房子里没人，敢不中。

（59）这般时，敢少了恁饭。

（60）你这人参、布匹不曾发落，敢有些时住里。

（61）委实没若干料钞，敢则到的三百定料钞，那零一十定，与恁上等择钞如何？

这 13 例当中除例（54）外，“敢”的宾语都是非自主动词，因此“敢”不可能表达意愿的意义，而只可能表示可能义。[①]例（54）的宾语动词“吃”虽然是自主的，但其主语是非人的生物，因此这个“敢”也不太可能表示意愿的意义。例（49）—例（53）是对现在情状的推测，可译为“大概”；例（54）—例（57）是对过去事件的推测，可译为“可能”；例（58）—例（60）是对未来事件的推测，可译为“会$_2$”。例（61）是凝固的形式。例（60）的“敢”在《老乞大谚解》中被改为“还”：

（62）你这人参、布匹不曾发落，还有些时住里。

与例（60）表示说话人的推测不同，例（62）则成了十分肯定的断言。

这种用法的“敢”在《老乞大新释》中只剩下 5 例，且 4 例为凝固形式“敢是”，这说明此时的“敢”表示主观推测的用法已经不具有自由性。表示认识可能的“敢”在《红楼梦》和《儿女英雄传》中也还能见到，不过只限于“敢是”“敢则”“敢自”“敢只”和“敢情”等固定形式，且绝大多数是用在疑问句中（而在《原本

① 关于自主动词和非自主动词对能愿动词的意义的影响，可参见马庆株（1988a）。

老乞大》中只有 2 例用于疑问句)。如:

(63)看我年轻又俊,敢是来调戏我么?(红楼梦,第 76 回)

(64)安公子听他絮絮叨叨,闹了半天才说完了,敢则是这等样一套话,才得把心放下。(儿女英雄传,第 12 回)

到了现代汉语中,表示主观推测的“敢”就只剩下“敢情”这一个残留形式了。[①] 如:

(65)我还当是顺顺当当地穿上工作服就拿工资呢,敢情还有这些麻烦呢!(老舍:女店员)

13.7 小结

上文我们穷尽考察了《原本老乞大》中表示不同类型的情态意义的能愿动词。总结为下表:

表 13.1 《原本老乞大》中的能愿动词

	会	肯	要	索	敢	待	许	得	能	能勾	可
能 力	+										
意 愿		+	+	+	+	+					
许 可							+	+			
必 要			+	+							
可 能					+	+		+	+	+	+

从上表可以看出,就表达情态意义的手段来说,《原本老乞大》具有如下特征:

① 太田辰夫(1987:191)指出:“从五代到近世有用于推量的,但现代不这样用了。”(”近世“即宋元明清——笔者按)

（一）表示能力意义只用“会”，不用“能”“能够”和“可以”等。

（二）表示许可意义只用“许”和“得”（否定），不用“能”“能够”和“可以”等。

（三）表示必要意义只用“要”和“索”，不用“得（děi）”“应”“该”“应该”和“应当”等。

（四）有两个特殊的能愿动词，即“索”和“待”。

就单个能愿动词的意义和用法来说，《原本老乞大》与现代汉语存在如下的差别：

（一）“会”只表示能力，不表示可能。

（二）“要”只表示必要和意愿，不表示可能和将要。

（三）“敢”除了表示意愿外，还表示认识可能。

（四）“得”只表示许可（否定），不表示必要。

（五）“可”只表示可能，不表示许可。

不过，由于《原本老乞大》中各个能愿动词的出现次数较少，因此上面的归纳可能会有遗漏。这一点可以通过考察元代其他文献资料得到证实。

第十四章 《红楼梦》中的助动词“能”

《红楼梦》是一部成书于18世纪中叶的白话小说，它基本上是用当时的北京话写成的，所以作为清代中叶的语料在近代汉语史上具有很重要的价值。本文通过对《红楼梦》中的助动词“能”的穷尽性考察以及与现代汉语的比较，来研究汉语助动词“能”在清代中叶的历史面貌。

关于《红楼梦》的版本，我们选择目前比较通行的中国艺术研究院《红楼梦》研究所校注本（1982），其中前70回为人民文学出版社1982年版，后50回为该社1990年版。

14.1 《红楼梦》中不同的动词“能”

“能”字在《红楼梦》中总共出现742例，其中可以确定为助动词的有622例。[①] 在《红楼梦》中，作为动词（包括助动词）的“能”在句法上具有一些与现代汉语（普通话）不同的特点。具体地说有以下三点：

14.1.1 在现代汉语中，除了凝固成词的（如“能干”）、成语（如“能说会道”）和惯用语（如“有钱能使鬼推磨”）等固定结构外，“能”一般只能作助动词而不能作一般动词。而在《红楼梦》中，“能”除了作助动词外，还可以当作一般动词使用。这种“能”

① 非助动词的除人名外，还有“能够”“能干”“无能”和一般动词等。

共有16例。具体说有四种情形：一是“能”不带宾语，但可以确定不是助动词，而是一般动词。如：

（1）连我们两个所知所能的，你还不知不能呢，还去参禅呢。（第22回）

（2）宝玉自己以为觉悟，不想忽被黛玉一问，便不能答；宝钗又比出“语录”来，此皆素不见他们能者。（第22回）

（3）人物还容易，你草虫上不能。（第42回）

（4）你看宝玉何尝肯念书，他若略一经心，无有不能的。（第120回）

二是“能”带有体词性宾语。[①]这种用法的“能”的宾语都是名词，因此“能”只能处理为一般动词，而非助动词。如：

（5）众人皆知他们不能针黹，不惯使用，皆不大责备。（第58回）

（6）因他姓韦，便叫他作韦大英，方合自己的意思，暗有“惟大英雄能本色”之语，何必涂朱抹粉，才是男子。（第63回）

（7）我因为我想着后日是尤二姐的周年，我们好了一场，虽不能别的，到底给他上个坟烧张纸，也是姊妹一场。（第72回）

（8）谁不知道李十太爷是能事的！把我一诈，就吓毛了。（第99回）

三是有的“能”还可以后附体助词“着”。这种“能”似乎可以理解为“将就”（但此义不见于一般的辞书）。这又有两种形式：一种是“能着+VP”。如：

（9）他两家的房舍极是便宜的，咱们先能着住下，再慢慢的着

①“能事”一般辞书都解释为“能做到的事”（如《辞源》，第2556页），这种解释显然不适合于例（8）。

人去收拾，岂不消停些。（第4回）

（10）打的粗，且在别处能着使罢；要匀净的，等明儿来住着再好生打罢。（第32回）

（11）这绢包儿里头是姑娘上日叫我作的活计，姑娘别嫌粗糙，能着用罢。（第37回）

（12）奶奶不嫌脏，这是我的，能着用些。（第75回）

另一种是“能着+些儿（+VP）”。如：

（13）一个月用不了二两银子，叫我省一两给爹妈送出去，要使什么，横竖有二姐姐的东西，能着些儿搭着就使了。（第57回）

（14）银子上千钱上万，一日都从他一个手一个心一个口里调度，那里为这点子小事去烦琐他。我劝你能着些儿罢。（第68回）

四是“能”用于固定结构中，如：

（15）况家中现有几个能诗会赋的姊妹，何不命他们进去居住，也不使佳人落魄，花柳无颜。（第23回）

（16）如今知道朝里那些老爷们都是能文能武，出力报效，所到之处早就消灭了。（第117回）

上述四种情形中，除了第三种外其他三种“能”虽然从句法功能上看，我们只能说是一般动词而非助动词，但在意义上与作为助动词的“能”是有共同之处的，即都与能力义有关。这一点从历时发展看不难理解，因为助动词是从一般动词发展而来的，而且作为动词的“能”最早的语义就是表示能力。

14.1.2 助动词“能”在现代汉语中只能带谓词性宾语，而且一般情况下这个谓词宾语是不能省略的，除非是在回答或对比中。而在《红楼梦》中，作助动词用的“能”却可以不带宾语而独立使用，而且不限于回答或对比。如：

（17）早知这样，我竟一起头求婶子，这会子也早完了。谁承望叔叔竟不能的。（第 24 回）

（18）有力量者，十二首都作也可；不能的，一首不成也可。（第 37 回）

（19）我正要打发人和你老爷说去，他要什么人，我这里有钱，叫他只管一万八千的买，就只这个丫头不能。（第 47 回）

这种用法的“能”在现代汉语中都得补上谓词宾语，如上述三例得分别说成“不能办”“不能作”和“不能要”。

此外，在《红楼梦》中“能”的谓词宾语也可以移到前面去，这样也造成“能”后没有宾语。如：

（20）我们想他作衣裳也不能，拿着糊窗子，岂不可惜？（第 40 回）

（21）众人见贾母不喜，不免又往下踏践起来，弄得这尤二姐要死不能，要生不得。（第 69 回）

（22）常提的甄宝玉，我想一见不能，今日倒先见了他父亲了。（第 114 回）

这三例在现代汉语中也要分别说成“不能作”“要死不能死”和“不能见”。

相对于助动词来说，可以不带宾语是一般动词的特点。因此可以说，“能”的这种特征正反映了它来源于一般动词这种历时关系。

14.1.3　除了不带谓词宾语外，在《红楼梦》中助动词“能”还可以后附助词“了”，共有 11 例。其中的“了”按意义可以分为两种：一种是与时间有关，表示事态（具体地说就是能力）的变化。如：

（23）鸳鸯等也都来敬，凤姐儿真不能了，忙央告道……（第

44回）

（24）补虽补了，到底不象，我也再不能了！（第52回）

这两例的“了”表示主语（施事）的能力状态在时间上的变化。

另一种“了”与时间无关，而是表示两个事件在事理上或逻辑上的转折，这两个事件在时间上并无先后关系。如：

（25）（宝玉）便走过来笑道：“好妹妹，替我梳上头罢。”湘云道：“这可不能了。”（第21回）

（26）只怕不能先知，若是能了，我也犯不着为你们瞎操心了。（第114回）

这两例在现代汉语中都要删除其中的“了”。

在现代汉语中，虽然助动词“能”也可以后附助词“了”（即一般所说的表示事态变化的“$了_2$”），但这种用法是非常少的。我们在2000万字的语料中只找到12例，而且无一例外用于否定，且只表达能力或许可等在时间上的变化。如：

（27）此语一出，许爷就是想也不能了。（王朔：许爷）

14.1.4　在近代汉语中，表示能力、许可或可能等意义除用助动词外，也可以用“V得”“得V”这种复合词结构（V限于光杆动词）。[①]如：

（28）紫鹃姑娘这些闲话倒不要紧，只是你却说得，我可怎么回老太太呢？况且这话是告诉得二奶奶的吗？（第97回）

（29）大哥前头口供甚是不好。待此纸批准后，再录一堂，能够翻供得好，便可得生了。（第85回）

在现代汉语中，由于这种“V得”作为复合词结构已失去能

---

① 比较例（28）、例（29）与后面的例（33）可以发现，“V得”与“得V”中的V不同，前者限于光杆动词，而后者则可以是很复杂的动词词组。

产性，所以一般要用“能V”形式来表达。比如例（28）两个“V得”就得说成“能说”“能告诉”。

在《红楼梦》中，作助动词用的“能”可以与这种“V得”结构连用，而且其中的“能”可以表示不同的意义。如：

（30）第一个凤姐事多任重，别人或可偷安躲静，独他是不能脱得的……（第19回）

（31）听了宝玉这番话，心中虽然有万句言词，只是不能说得，半日，方抽抽噎噎的说道：“你从此可都改了罢！”（第34回）

（32）呸，人人都说你没有不经过不见过，连这个纱还不能认得呢，明儿还说嘴。（第40回）

例（30）“能”表示许可，例（31）、例（32）表示能力。

此外，助动词“能”还可以与“得V”结构的肯定否定重叠式“得V不得V”连用。[①] 如：

（33）二则还记挂着我的屋子，还得在园里旧房子里住得三五天，死也甘心了。不知下次还可能得住不得住了呢！（第80回）

助动词“能”甚至可以与省略动词的“（V）得”连用。如：

（34）若是靠着咱们家几个人找，就找一辈子也不能得！（第95回）

14.2 表示能力义的“能”

14.2.1 从情态语义的角度看，《红楼梦》中的助动词“能”所表示的情态可以分为四种：能力、许可、根可能和认识可能等。

---

① 例（33）中的“可能”不是助动词，“可”是表示疑问的语气副词。

这一节我们先讨论表示能力情态的“能”。

14.2.2 能力是指施事（主语）自身具有某种内在的条件来实施某种动作行为。表示能力的“能”在《红楼梦》中总共出现186例，约占全部助动词的30%。先看几个例子：

（35）冯紫英因说起他有一个幼时从学的先生，姓张名友士，学问最渊博的，更兼医理极深，且能断人的生死。（第10回）

（36）你说你会过目成诵，难道我就不能一目十行么？（第23回）

（37）那些童生都读过前人这篇，不能自出心裁，每多抄袭。（第84回）

（38）岂知宝玉触处机来，竟能把偷看册上诗句俱牢牢记住了，只是不说出来，心中早有一个成见在那里了。（第116回）

14.2.3 与现代汉语相比，《红楼梦》中表能力的“能”有一些不同之处，主要表现在以下几个方面：

14.2.3.1 表能力的“能”可以与表示“擅长、善于”义的动词“善”连用。如：

（39）小的在暗中调停，令他们报个暴病身亡，令族中及地方上共递一张保呈，老爷只说善能扶鸾请仙，堂上设下乩坛，令军民人等只管来看。（第4回）

（40）有那人口不利，家宅颠倾，或逢凶险，或中邪祟者，我们善能医治。（第25回）

动词“能”与“善”本义都是表示能力，与现代汉语不同的是在《红楼梦》中，“善”也可以带动词性宾语（如第37回：稻香老农虽不善作却善看，又最公道，你就评阅优劣，我们都服的。）因而“善”与“能”连用是很正常的。

14.2.3.2 在现代汉语中，助动词“能”虽然可以受程度副词修饰，但否定的“不能”则不行。而《红楼梦》却不同，肯定和否定的“能”都可以受程度成分的修饰。如：

（41）近见宝玉虽不读书，竟颇能解此，细评起来，也还不算十分玷辱了祖宗。（第 78 回）

（42）不管冷暖，你只画去，赶到年下，十分不能便罢了。（第 50 回）

14.2.3.3 表能力的“能”也可以带体词宾语。虽然从句法上说这种“能”不算作助动词，但在语义它与助动词“能”并无不同。如：

（43）他两个虽能诗，较腹中之虚实虽也去宝玉不远，但第一件他两个终是别路，若论举业一道，似高过宝玉，若论杂学，则远不能及……（第 78 回）

更多的是这种体词宾语移到“能”的前面，造成“能”后宾语空缺。如：

（44）就拿韵来，我虽不能，只得勉强出丑。（第 37 回）

（45）我们四首也算想绝了，再一首也不能了。（第 37 回）

（46）正经你分内的又不能，这却偏有了。（第 70 回）

14.2.3.4 表能力的“能”可以在非回答或对比的语境中省略谓词宾语，而且大多还可以后附助词“了”。如：

（47）好，也新鲜有趣。我却不能。（第 70 回）

（48）不是我说没了能奈的话，要象这样，我竟不能了。（第 72 回）

（49）只怕你们不能，若是你们敢办，我是亲舅舅，做得主的。（第 118 回）

这几例“能”在现代汉语中都得补出宾语，说成“不能写”“不能做”和“不能办”等。[①]

14.3 表示许可义的“能”

14.3.1 许可是指外在的权威或社会规范等允许或禁止施事实施某种动作行为。在《红楼梦》中，表示许可义的“能”共出现40例，约占6.4%。如：

（50）他们出家人是那里来的，何必这样，这不能收。（第29回）

（51）这园子也分了人管，如今多掐一草也不能了。（第62回）

（52）本宅上下人等，一步不能乱走。（第104回）

（53）若在定例，大哥是不能回家的。（第107回）

14.3.2 作为道义情态的许可有一个必不可少的条件，那就是必须具备作为允许或禁止力量的道义来源。如：

（54）各房中也不能趁乱失迷东西。（第14回）

（55）且说元宵已过，只因当今以孝治天下，目下宫中有一位太妃欠安，故各嫔妃皆为之减膳谢妆，不独不能省亲，亦且将宴乐俱免。（第55回）

（56）且说史湘云因他女婿病着，贾母死后只来的一次，屈指算是后日送殡，不能不去。（第110回）

例（54）是凤姐对下人说的话；例（55）反映的是封建社会中太妃的权威地位；例（56）是封建社会家庭伦理关系使然。

14.3.3 《红楼梦》中表许可的“能”在用法上有一个明显

---

① 在现代汉语中，由于助动词“能”多指先天的能力，因此这几例最恰当的表达方式应该是用可能补语结构“V不了”。

的特点，那就是只用于否定句或反问句。否定的如例（50）—例（53）。反问的如：

（57）那可使不得，已经报了，怎么能息呢。（第 103 回）

《红楼梦》中表许可的“能”共出现 40 例，其中 39 例是“不能”。

反问句虽然从形式看不同于否定句，但实际上在语义上却是否定的。如例（57）非反问的说法应该是“不能息”。因此可以说，在《红楼梦》中助动词“能”表示许可义时只限于否定（“不能”）。这一点与现代汉语一致，也就是说，至少在《红楼梦》时代这种现象就已经存在了。

那么其肯定的形式是什么呢？我们认为是助动词“可（以）”。比较：

（58）原是特来瞧瞧嫂子你，二则也请请姑太太的安。若可以领我见一见更好，若不能，便借重嫂子转致意罢了。（第 6 回）

14.4　表示根可能义的“能”

14.4.1　根可能也就是一般所说的客观可能，指某种客观的环境或条件使得施事实施某种动作行为成为可能。如：

（59）非晚生酒后狂言，若论时尚之学，晚生也或可去充数沽名，只是目今行囊路费一概无措，神京路远，非赖卖字撰文即能到者。（第 1 回）

（60）好歹你守着我，我还能放心些。（第 48 回）

（61）小弟素系寒贫，况且客中，何能有定礼。（第 66 回）

（62）但是二奶奶病着，一个人又闷又是害怕，能有一个人在这里我就放心。（第 111 回）

14.4.2 根可能与能力都属于根情态，即客观情态，因而不同于属于主观情态的认识情态。二者的不同主要有两点：一是可能条件的来源不同。能力的可能条件是内在的，即来自于施事（主语）自身。例如说“某人能走路”是指这个人自身具备“走路”的能力。而根可能的可能条件则是外在的，即来自于施事（主语）之外的环境。例如说“某人能来”不是指这个人具备“来”的能力（“来”本身并不是一种能力），而是由于外在的环境或条件的允许，使得“来”成为可能。又如：

（63）我正愁进京去有个嫡亲的母舅管辖着，不能任意挥霍挥霍，偏如今又升出去了，可知天从人愿。（第4回）

（64）这声韵必是啼哭之声，可恨公冶长不在眼前，不能问他。（第58回）

（65）我还有一点小事，不能久坐，容日再来请安。（第83回）

（66）且言贾政扶了贾母灵柩一路南行，因遇着班师的兵将船只过境，河道拥挤，不能速行，在道实在心焦。（第118回）

这几例“能”都表示由于某种外在的情况的限制使得做某事成为不可能。

二是主语的生命度（animacy）不同。所谓“能力”一般是指人的；而根可能的主语则不仅可以是人，也可以是无生命的事物。因此，从主语的生命度角度看，从能力到根可能之间是一个渐变的连续统（continuum），最典型的能力的主语是人，其次是动物，当主语为无生命的事物时就变成了根可能。图示如下：

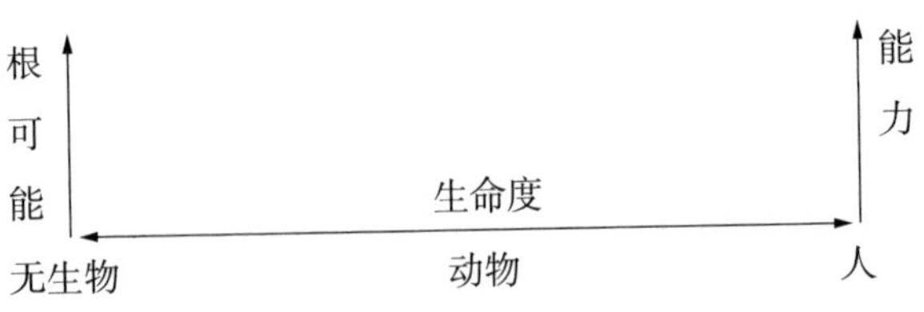

图14.1　从能力到根可能的连续统

主语的生命度越高，"能"越容易理解为能力；主语的生命度越低，"能"越容易理解为根可能。《红楼梦》中无生名词作主语的如：

（67）宝玉听了此曲，散漫无稽，不见得好处，但其声韵凄惋，竟能销魂醉魄。（第5回）

（68）这些道书禅机最能移性。（第22回）

（69）肝火一平，不能克土，胃气无病，饮食就可以养人了。（第45回）

（70）诗词一道，但能传情，不能入骨，自后想要讲究讲究音律。（第93回）

这几例"能"只能表示根可能义，而不可能表示能力义。

14.4.3 《红楼梦》中表根可能的"能"还有一个特点：大多数用于否定或反问。否定的如上面例（63）—例（66）、例（69）、例（70），反问的如：

（71）若不亏癞僧、跛道二人携来到此，又安能得见这般世面。（第18回）

（72）宝二爷这两天上了学了，老爷天天要查功课，那里还能像从前那么乱跑呢？（第82回）

（73）他去了，岂能劝他？（第83回）

（74）但我是世家之女，怎能遂意。（第112回）

在《红楼梦》中，“能”表根可能的有331例，其中否定的有256例，反问的有13例，二者合计269例，约占81%。从语用效果看，肯定反问句实际上是表达否定的。因此可以说，《红楼梦》中“能”表达根可能义时绝大多数是用于否定的。

14.4.4 此外，《红楼梦》中表根可能的“能”有时可以与助动词“可”连用（“能可”），其中“可”也是表根可能。[①] 如：

（75）知道了，能可无事，很好。（第62回）

（76）否极泰来，荣辱自古周而复始，岂人力能可常保的。（第13回）

这两例“能可”都能够换成“能够”或“可（以）”，这说明后者也是表示根可能的。

14.5 表示认识可能义的“能”

14.5.1 认识可能是说话人根据已知的信息对句子所表达的命题的正确与否的主观判断。如：

（77）想眼中能有多少泪珠儿，怎经得秋流到冬尽，春流到夏！（第5回）

（78）你能知道几个古人，能记得几首熟诗，也敢在老先生前卖弄！（第17回）

（79）靠那道士能往那里远去，左不过是在这方近左右的庙里

① 在《红楼梦》中“能可”有时表示“宁可”的意思。如：
好侄儿，你若疼我，只能可多给他钱为是。（第68回）
但这种解释显然不适合于例（75）和例（76）。

寺里罢了。（第 67 回）

（80）他家怎么能败，听见说里头有位娘娘是他家的姑娘，虽是死了，到底有根基的。（第 107 回）

14.5.2 助动词“能”所表达的能力、许可和根可能这三类语义都属于客观情态，而认识可能则属于主观情态。

客观情态属于事件情态，表达的是句子所表示的事件自身发生与否的可能性。主观情态属于命题情态，表达的是说话人对句子所表达的命题的真值的主观判断。（Palmer 2001）试比较：

（81）那时邢、王二夫人知凤姐必不能来家，也便就要进城。（第 15 回）

（82）你能来了几日，就驳我的回了。（第 80 回）

例（81）表示根可能，即由于某种外在因素的限制使得“凤姐来家”这件事成为不可能。而例（82）表达的不是“你来了几日”这件事可能与否，而是我对“你来了几日”这个命题的真值的主观判断，即“你不会来了几日”。

14.5.3 与现代汉语同样意义的“能”相比，《红楼梦》中表认识可能的“能”具有一些前者所不具备的特点。

14.5.3.1 在普通话中“能”只作助动词，因此它只能带谓词宾语，而不能带体词宾语。而在《红楼梦》中，表认识可能的“能”却可以带体词宾语。如：

（83）你说说，能几年，我就忘了。（第 6 回）

（84）明媚鲜妍能几时，一朝飘泊难寻觅。（第 27 回）

这两例换成现代汉语就得在“能”和体词宾语之间补上动词，分别说成“能过了几年”“能持续多长时间”。

前面说过，作为助动词的“能”来源于一般动词，而带体词宾语正是后者区别于前者的一大特点。所以从历时来源的角度看，"能"的这个特点是很正常的。因此可以说，至少在《红楼梦》时代，"能"表示认识可能时还可以带体词性宾语。

14.5.3.2 在现代汉语中，助动词"能"表认识可能时只用于反问句中，在非反问句中则要用"不会"或"不可能"。（见第二章）而在《红楼梦》中，表认识可能的"能"却可以出现在非反问句（包括陈述句）中。如：

（85）满街之人个个都赞："好热闹戏，别人家断不能有的。"（第 19 回）

（86）你既这样用心，何不在外头大事上做工夫，老爷也喜欢了，也不能吃这样亏。（第 34 回）

（87）且平心静气暗暗访察，才得确实；纵然访不着，外人也不能知道。（第 74 回）

（88）这正月初一日生日的那位姑娘只怕时辰错了；不然，真是个贵人，也不能在这府中。（第 86 回）

这几个例子在现代汉语中都只能说成"不会"或"不可能"。《红楼梦》中表认识可能的"能"共 61 例，其中用于陈述句的就有 23 例，占 38%。这个特点可能与"不会"在《红楼梦》中不大用来表示不可能有关。"不会"在《红楼梦》中出现 54 例，绝大多数是表示能力，表示可能的只有 4 例，而"不可能"则一例也没有。这一对比与现代汉语正好相反。

14.5.3.3 与能否用于非反问句相关的是，现代汉语中表示认识义的"能"形式上只能是肯定的，不能是否定的。而在《红楼梦》中则没有这种限制。也就是说，否定的"不能"在《红楼梦》中也可以表示认识的意义（即不可能）。如：

（89）成了样的东西，也不能到我手里来！（第 25 回）

（90）你既这样用心，何不在外头大事上做工夫，老爷也喜欢了，也不能吃这样亏。（第 34 回）

（91）如今惟有趁着赌钱的因由革了许多的人这空儿，把周瑞媳妇旺儿媳妇等四五个贴近不能走话的人安插在园里，以查赌为由。（第 74 回）

（92）那里知道史姑娘哭得了不得，说是姑爷得了暴病，大夫都瞧了，说这病只怕不能好，若变了个痨病，还可捱过四五年。（第 109 回）

这几例的“不能”换成普通话多用“不会”。

14.5.3.4 在现代汉语中，“能”在表达认识义时由于只能用于反问句，所以带这种“能”的小句就不能用来充当定语（即关系小句）。《红楼梦》中的“能”却没有这种限制。如：

（93）况且能多大年纪的人，略病一病就这么想那么想的，这不是自己倒给自己添病了么？（第 11 回）

14.5.4　上述几个特点说明，至少在《红楼梦》时代，“能”虽然也可以用来表达认识情态的意义，但它的语法化（虚化）程度远不如现代汉语高。与后者相比，前者在句法功能上更接近于作为“能”的来源的一般动词。

14.6　小结

从上面的考察可以看出，《红楼梦》时代“能”的虚化程度远不如现代汉语高，其中还存在大量的一般动词的用法，而且即使是助动词，“能”也还仍然保留其来源于一般动词的诸多痕迹。

参考文献

艾乐桐 1985:《汉语中“欠”和“义务”的表示方法》,《国外语言学》第 1 期。

白晓红 1997:《先秦汉语助动词系统的形成》,《语言研究论丛》(第七辑),语文出版社。

鲍明炜 1993:《江淮方言的特点》,《南京大学学报》第 4 期。

伯纳德·科姆里 1981:《语言共性和语言类型》,沈家煊译,华夏出版社 1989 年。

陈淑梅 2000:《鄂东方言中表状态的结构助词“得”》,《黄冈师范学院学报》第 4 期。

陈淑梅 2002:《鄂东方言语法研究》,江苏教育出版社。

崔希亮 2003:《事件情态和汉语的情态系统》,《语法研究和探索》(第十二辑),商务印书馆。

戴浩一 1985:《时间顺序与汉语的语序》,《国外语言学》第 1 期。

戴维·克里斯特尔 1997:《现代语言学词典》,沈家煊译,商务印书馆 2000 年。

戴耀晶 2003:《现代汉语助动词“可能”的语义分析》,《语法研究和探索》(第十二辑),商务印书馆。

邓守信 2002:《现代汉语的否定》,《南开语言学刊》第 1 期。

渡边丽玲 2000a:《助动词“能”与“会”的句法语义分析》,陆俭明主编《面临新世纪挑战的现代汉语语法研究》,山东教育出版社。

渡边丽玲 2000b:《助动词“可以”与“能”的用法比较分析》,《第六届国际汉语教学讨论会论文选》,北京大学出版社。

段业辉 2002:《中古汉语助动词研究》,南京师范大学出版社。

傅雨贤、周小兵 1991:《口语中的助动词》,《语法研究和探索》(第五辑),语文出版社。

高增霞 2003:《汉语的担心——认识情态词“怕”“看”“别”》,《语法研究和探索》(第十二辑),商务印书馆。

古川裕 2006a:《助动词“要”的语义分化及其主观化和语法化》,《对外汉语研究》(第二期),商务印书馆。

古川裕 2006b:《关于“要”类词的认知解释——论“要”由动词到连词的语法化途径》,《世界汉语教学》第 1 期。

郭继懋 2002:《表“必然肯定模态”意义时“必须”与“不能不”的差异》,郭继懋、郑天刚主编《似同实异——汉语近义表达方式的认知语用分析》,中国社会科学出版社。

郭昭军 2003:《从“会$_2$”与“可能”的比较看能愿动词“会$_2$”的句法和语义》,《语法研究和探索》(第十二辑),商务印书馆。

郭昭军 2004:《现代汉语中的弱断言谓词“我想”》,《语言研究》第 2 期,中国人民大学书报资料中心复印资料《语言文字学》2004 年第 9 期。

郭昭军 2005:《意愿与意图——助动词“要”与“想”比较研究》,齐沪扬主编《现代汉语虚词研究与对外汉语教学》,复旦大学出版社。

郭昭军 2006:《助动词“能”的多义性及其选择因素》,《语言学论丛》(第三十四辑),商务印书馆。

郭昭军 2008a:《现代汉语必要类动词比较研究》,《汉语学报》第 1 期。

郭昭军 2008b:《助动词“要”的模态多义性及其制约因素》,《汉语学习》第 2 期。

郭昭军 2011:《“该”类助动词的两种模态类型及其选择因素》,《南开语言学刊》第 2 期。

郭志良 1980:《可能补语“了”的使用范围》,《语言教学与研究》第 1 期。

郭志良 1991:《表示存在可能性的“能”和“可以”》,《第三届国际汉语教学讨论会论文选》,北京语言学院出版社。

郭志良 1993:《试论能愿动词的句法结构形式及其语用功能》,《中国语文》第 3 期。

郝 维 2001:《补语的可能式研究综述》,《汉语学习》第 3 期。

贺 阳 1992:《试论现代汉语书面语的语气系统》,《中国人民大学学报》第 5 期。

湖北方言调查组 1960:《湖北方言概况》,油印本。

胡裕树等 1994:《动词研究综述》,山西高校联合出版社。

纪猗馨 1986:《英语情态助动词与汉语助动词的比较》,《语言教学与研究》第 3 期。

江 天 1983:《论“能”“愿”等词的属性与功能》,《辽宁大学学报》第 2 期。

蒋 平 1983:《“要”与“想”及其复合形式、连用现象》,《语文研究》第 2 期。

蒋善民 1982:《“会”和“能”的用法异同》,《浙江师范学院学报》第 3 期。

柯理思 1995:《北方官话里表示可能的动词词尾“了”》,《中国语文》第 4 期。

柯理思 2000a:《论表示说话者主观判断的“V 不了”格式及其语法化过程》,《现代中国语研究》第 1 期。

柯理思 2000b:《河北方言里表示可能的助词“了”》,钱曾怡、李行杰主编《首届官话方言国际学术讨论会论文集》,青岛出版社。

柯理思 2001a:《从普通话里跟“得”有关的几个格式去探讨方言类型学》,《语言研究》第 2 期。

柯理思 2001b:《试探一些常见的语法化机制:[形容词 + 不了] 格式的认识情态意义》,中国社会科学院语言研究所演讲稿。

柯理思 2003:《试论谓词的语义特征和语法化的关系》,吴福祥、洪波主编《语法化与语法研究》(一),商务印书馆。

李基安 1999:《情态意义和情态动词意义》,《外国语》第 4 期。

李　明 2002:《两汉时期的助动词系统》,《语言学论丛》(第二十五辑),商务印书馆。

李　明 2003:《汉语表必要的情态词的两条主观化路线》,《语法研究和探索》(第十二辑),商务印书馆。

李　明 2008:《从“容”“许”“保”等动词看一类情态词的形成》,《中国语文》第 3 期。

李　明 2016:《汉语助动词的历史演变研究》,商务印书馆。

李晓琪 1985:《关于能性补语式中的语素“得”》,《语文研究》第 4 期。

李兴亚 1987:《“怀疑”的意义和宾语的类型》,《中国语文》第 2 期。

李宗江 1994:《“V 得(不得)”与“V 得了(不了)”》,《中国语文》第 5 期。

力 量 1990:《“V 得”“V 不得”结构中“得”的语义和词性之考察》,《徐州师范学院学报》第 3 期。

梁式中 1960:《关于助动词》,《中国语文》第 5 期。

梁伍镇 2000:《论元代汉语〈老乞大〉的语言特点》,《民族语文》第 6 期。

梁晓波 2002:《情态的多维研究透视》,《解放军外语学院学报》第 1 期。

廖秋忠 1989:《〈语气与情态〉评介》,《国外语言学》第 4 期。

刘 坚 1960:《论助动词》,《中国语文》第 5 期。

刘 利 1998:《先秦助动词“得”字用法的考察》,郭锡良主编《古汉语语法论集》,语文出版社。

刘 利 2000:《先秦汉语助动词研究》,北京师范大学出版社。

刘月华 1980:《可能补语用法的研究》,《中国语文》第 4 期。

卢京姬 1999:《汉语“能”类助动词与韩语中相对应的表达形式对比分析》,北京大学硕士学位论文。

鲁 川 2003:《语言的主观信息和汉语的情态标记》,《语法研究和探索》(第十二辑),商务印书馆。

鲁晓琨 1993:《“不能 VR”与“V 不 R”》,《中国语学》(日本)第 240 号。

鲁晓琨 2000:《现代汉语意愿助动词的语义对比》,《第六届国际汉语教学讨论会论文选》,北京大学出版社。

鲁晓琨 2001a:《助动词“能”的语义构成及其肯否不对称现象》,《现代中国语研究》第 3 期。

鲁晓琨 2001b:《可能助动词“可以”的语义及与“能”的对比》《汉语学报》第 3 期。

鲁晓琨 2001c:《助动词“会”和“能”的隐喻对比》,汉语学习和认知国际学术研讨会(北京)论文。

鲁晓琨 2002:《助动词“会”的语义探索及与“能”的对比》,第七届国际汉语教学讨论会(上海)论文。

鲁晓琨 2004:《现代汉语基本助动词语义研究》,中国社会科学出版社。

陆丙甫 1984:《从“要谈谈两个问题”等格式为什么不合格谈起》,《中国语文通讯》第 11 期。

伦道夫·夸克等 1985:《英语语法大全》,苏州大学《英语语法大全》翻译组译,华东师范大学出版社 1998 年。

吕叔湘 1944:《中国文法要略》,《吕叔湘文集》(第一卷),商务印书馆 1990 年。

吕叔湘 1944:《与动词后“得”与“不”有关之词序问题》,《吕叔湘文集》(第二卷),商务印书馆 1995 年。

吕叔湘 1979:《汉语语法分析问题》,《吕叔湘文集》(第二卷),商务印书馆 1995 年。

吕叔湘 1980:《现代汉语八百词》,商务印书馆。

吕叔湘 1985:《疑问·否定·肯定》,《中国语文》第 4 期。

吕叔湘 1999:《现代汉语八百词》(增订本),商务印书馆。

马庆株 1988:《能愿动词的连用》,《语言研究》第 1 期。

马庆株 1989:《能愿动词的意义与能愿结构的性质》,《语言学通讯》第 3—4 期。

马庆株 1992:《汉语动词和动词性结构》,北京语言学院出版社。

马庆株 1998:《汉语语义语法范畴问题》，北京语言文化大学出版社。

马悦然 1982:《关于古代汉语表达情态的几种方式》,《中国语文》第 2 期。

孟祥英 1989:《“能”与“会”使用上的几个问题》,《天津师范大学学报》第 4 期。

彭利贞 2007:《现代汉语情态研究》，中国社会科学出版社。

彭　民、步康 1984:《从〈荀子〉用例中探讨“要”字的若干特殊用法》,《扬州师范学院学报》第 2 期。

邱震强 2001:《宁乡话可能补语的分布及其历史背景》,《长沙电力学院学报》第 5 期。

砂冈和子 1991:《Modal + VP + 的 + N》,《第三届国际汉语教学讨论会论文选》，北京语言学院出版社。

杉村博文 1982:《V 得 C、能 VC、能 V 得 C》,《汉语学习》第 6 期。

邵敬敏 1992:《语义对“比”字句中助动词位置的制约》,《汉语学习》第 3 期。

沈家煊 1989:《“判断语词”的语义强度》,《中国语文》第 1 期。

沈家煊 1993:《语用否定考察》,《中国语文》第 5 期。

沈家煊 1995a:《“有界”与“无界”》,《中国语文》第 6 期。

沈家煊 1995b:《“正负颠倒”与语用等级》,《语法研究和探索》（第七辑），商务印书馆。

沈家煊 1999:《不对称和标记论》，江西教育出版社。

沈家煊 2001a:《语言的主观性和主观化》,《外语教学与研究》第 4 期。

沈家煊 2001b:《跟副词“还”有关的两个句式》,《中国语文》第 6 期。

沈家煊 2004:《语用原则、语用推理和语义演变》,《外语教学与研究》第 4 期。

石毓智 2000:《肯定和否定的对称与不对称》，北京语言文化大学出版社。

石毓智 2000b:《语法的认知语义基础》，江西教育出版社。

石毓智、白解红 2007:《将来时标记向认识情态功能的衍生》,《解放军外国语学院学报》第 1 期。

史金生 2011:《现代汉语副词的语义功能研究》，商务印书馆。

史有为 1994:《“得说不能来上课了”》,《汉语学习》第 5 期。

宋世平 1994:《也说“会”》,《荆门大学学报》第 3 期。

宋永圭 2007:《现代汉语情态动词否定研究》，中国社会科学出版社。

孙德金 1993:《汉语助动词的范围》，胡明扬主编《词类问题考察》，北京语言文化大学出版社。

孙锡信 1992:《〈老乞大〉〈朴通事〉中的一些语法现象》，蒋绍愚等编《近代汉语研究》，商务印书馆。

太田辰夫 1987:《中国语历史文法》，蒋绍愚、徐昌华译，北京大学出版社。

太田辰夫 1992:《汉语史通考》，江蓝生、白维国译，重庆出版社。

汤廷池 1979:《助动词“会”的两种用法》,《国语语法研究论集》，台湾学生书局。

陶　炼 2002:《试论情态次范畴之间的相互组合》，第十二次现代汉语语法学术讨论会（长沙）论文。

汪国胜 1992:《大冶话的“倒”字及其相关句式》,《华中师范大学学报》第 5 期。

汪国胜 1998:《可能式“得”字句的句法不对称现象》,《语言研究》第 1 期。

王健慈 1997:《汉语评判动词的语义类》,《中国语文》第 6 期。

王年一 1960:《也谈助动词》,《中国语文》第 5 期。

王　伟 1998:《“能”的个案——现代汉语情态研究的认知维度》,中国社科院研究生院硕士论文。

王　伟 2000:《情态动词“能”在交际过程中的义项呈现》,《中国语文》第 3 期。

王晓钧 1983:《从留学生的语病看汉语助动词的特点和用法》,《语言教学与研究》第 1 期。

王仲英 1990:《〈左传〉“能、可、欲、敢”等词的使用情况调查兼论其词性》,《陕西师范大学学报》第 1 期。

望月八十吉 1981:《关于汉语谓语的一个问题》,《语文研究》第 1 期。

文　炼 1982:《“会”的兼类问题》,《汉语学习》第 6 期。

吴福祥 2002:《汉语能性述补结构“V 得 / 不 C”的语法化》,《中国语文》第 1 期。

相原茂 2000:《汉语助动词的否定式》,陆俭明主编《面临新世纪挑战的现代汉语语法研究》,山东教育出版社。

熊　文 1992:《助动词研究述略》,《汉语学习》第 4 期。

熊　文 1999:《论助动词的解释成分》,《世界汉语教学》第 4 期。

许和平 1991:《汉语情态动词语义和句法初探》,见《第三届国际汉语教学讨论会论文选》,北京语言学院出版社。

许和平 1993:《试论“会”的语义与句法特征——兼论与“能”的异同》，邢公畹主编《汉语研究》(三)，南开大学出版社。

杨 平 2001:《助动词“得”的产生和发展》,《语言学论丛》(第二十三辑)，商务印书馆。

杨信川 1994:《滇南方言可能补语的否定式》,《广西大学学报》第 3 期。

姚汉铭、孙红青 1992:《助动词语义指向探析》,《青海师范大学学报》第 2 期。

姚振武 2003:《〈晏子春秋〉的助动词系统》,《中国语文》第 1 期。

叶斯柏森 1924:《语法哲学》，何勇等译，语文出版社 1988 年。

袁毓林 1999:《定语顺序的认知解释及其理论蕴涵》,《中国社会科学》第 2 期。

张宝胜 2001:《再说“怀疑”》,《语法研究和探索》(第十一辑)，商务印书馆。

张伯江 1997:《认知观的语法表现》,《国外语言学》第 2 期。

张伯江 2001:《“怀疑”句式的语法化》，首届汉语语法化问题国际讨论会(天津)论文。

张大旗 1985:《长沙方言的“得”字》,《方言》第 1 期。

张清源 1996:《成都话里虚化的“得”》,《汉语方言体貌论文集》，江苏教育出版社。

张文熊 1990:《现代汉语能愿动词句的逻辑分析》,《西北师范大学学报》第 2 期。

张永利 2000:《论汉语预断“会”的语意》，台湾中正大学语言学研究所。

赵元任 1979:《汉语口语语法》，吕叔湘译，商务印书馆。

郑贵友 1989:《汉语“助动词”的研究刍议》,《汉语学习》第 6 期。

郑贵友 1991:《汉语“助动词”研究补说》,《延边教育学院学刊》第 1 期。

郑天刚 2001:《助动词的语义特征和句法特征》，谢文庆、孙晖主编《汉语言文化研究》(第 8 辑)，天津人民出版社。

郑天刚 2002a:《用于推测时“会”与“要”的差异》，郭继懋、郑天刚主编《似同实异——汉语近义表达方式的认知语用分析》，中国社会科学出版社。

郑天刚 2002b:“会”与“能”的差异，郭继懋、郑天刚主编《似同实异——汉语近义表达方式的认知语用分析》，中国社会科学出版社。

郑天刚 2003:《释“能”——兼谈对外汉语教学助动词释词的系统化》,《南开语言学刊》第 2 期。

郑远汉 1983:《记言式及其结构分析》,《中国语文》第 2 期。

周北海 1996:《模态逻辑》，中国社会科学出版社。

周斌武、张国梁 1996:《语言与现代逻辑》，复旦大学出版社。

周小兵 1989:《“会”和“能”及其在句中的换用》,《烟台大学学报》第 4 期。

朱德熙 1958:《〈老乞大谚解〉〈朴通事谚解〉》书后,《北京大学学报》(人文科学版)第 2 期。

朱德熙 1982:《语法讲义》，商务印书馆。

朱德熙 1991:《“V—neg—VO”与“VO—neg—V”两种反复问句在汉语方言里的分布》,《中国语文》第 5 期。

朱冠明 2003:《汉语单音情态动词语义发展的机制》,《解放军外国语学报》第 6 期。

Horn, Laurence r. 1991:《语用学理论（上）》，沈家煊译，《国外语言学》第 1 期。

J.D. 麦考莱 1993:《语言逻辑分析——语言学家关注的一切逻辑问题》，王维贤、徐颂列等译，杭州大学出版社 1998 年。

Alleton Viviane 1994: *Some Remarks about the Epistemic Values of Auxiliary Verbs YINGGAI and YAO in Mandarin Chinese,* in Chen & Ovid.

Bavin Edith1995: *The Obligation Modality in Western Nilotic Languages*, in Bybee J. & Suzanne F. (eds.)1995.

Bussmann Hadumod 1996: *Routledge Dictionary of Language and Linguistics*, Routledge.

Bybee Joan L. 1985: *Morphololgy: A Study of the Relation between Meaning and Form*, Amsterdam: John Benjamins.

Bybee Joan & Suzanne Fleischman(eds.) 1995: *Modality in Grammar and Discourse*, Amsterdam /Philadelphia: John Benjamins.

Bybee Joan L., Revere D. Porkins & William Pagliuca 1994: *The Evolution of Grammar: Tense, Aspect and Modality in the Language of the World*, Chicago: University of Chicago Press.

Chafe Wallace & Johanna Nichols(eds.)1986: *Evidentiality: The Linguistic Coding of Epistemology*, New Jersey: Ablex.

Coates J.1983: *The Semantics of the Modal Auxiliaries*, London and Canberra: Croom Helen.

Coates J.1995: *The Expression of Root and Epistemic Possibility in English*, in Bybee, J. & Suzanne F.(eds.)1995.

Croft W. 1990: *Typology and Universals*, Cambridge: Cambridge

University Press.

Endo Tomoko 2003. *Two Types of Subjectification in Mandarin Chinese: The Epistemic Senses of YAO and PA*, IACL-12 papers.

Givón Talmy 1970: *Opacity and Reference in Language :An Inquiry into the Role of Modalities*, in *Syntax and Semantics*, vol.4.

Guo Jiansheng 1995: *The Interactional Basis of the Mandarin Modal néng"can"*, in Bybee J. & Suzanne F.(eds.)1995.

Heine Beine 1995: *Agent-Oriented vs. Epistemic Modality: Some Observations on German Modals*, in Bybee J. & Suzanne F.(eds.)1995.

Heine Beine & Tania Kuteva 2002: *World Lexicon of Grammaticalization*, Cambridge: Cambridge University Press.

Hooper Joan B.1975: *On Assertive Predicates*, in John P. Kimball(eds.): *Syntax and Semantics*, vol.4, New York: Academic Press.

Hoye Leo1997: *Adverbs and Modality in English*, London and New York: Longman.

Karttunen Lauri 1972: "*Possible*" *and* "*Must*", in *Syntax and Semantics*, vol.1.

Kiparsky C. & Kiparsky P.1970: *Fact*, in M. Bierwisch & K. Heidolph(eds.): *Progress in Linguistics*, The Hague: Mouton.

Lyons John1977: *Semantics*, vol.2, Cambridge: Cambridge University Press.

Lyons John1995: *Linguistics Semantics: An Introduction*, Cambridge: Cambridge University Press.

Palmer F. R. 1979: *Modality and the English Modals*, London and New York: Longman.

Palmer F. R. 1986: *Mood and Modality*, Cambridge: Cambridge University Press.

Palmer F. R. 2001: *Mood and Modality(2nd edn.)*, Cambridge: Cambridge University Press.

Perkins M. R.1983: *Modal Expressions in English*, New Jersey: Alex Pub.

Salkie R.1988: *Review Article: Mood and Modality*, *Journal of Linguistics*, vol.24.

Silva-Corvalán Carmen1995: *Contextual Conditions for the Interpretation of Poder and Deber in Spanish*, in Bybee J. & Suzanne F.(eds.)1995.

Soonja Choi1995: *The Development of Epistemic Sentence-ending Modal Forms and Functions in Korean Children*, in Bybee J. & Suzanne F.(eds.)1995.

Stein and Wright(eds.)1995: *Subjectivity and Subjectivisation*, Cambridge: Cambridge University Press.

Sweetser Eve1990: *From Etymology to Pragmatics: Metaphorical and Cultural Aspects of Semantics*, Cambridge: Cambridge University Press.

Thompson Sandra A. & Anthony Mulac1995: *A Quantitative Perspective on the Grammaticization of Epistemic Parentheticals in English*, in Traugott Elizabeth C. & Bernd Heine(eds.): *Approaches to Grammaticalization*, vol.2, Amsterdam /Philadelphia: John Benjamins.

Urmson J. O.1963: *Parenthetical Verbs*, in Charles E. Caton(eds.):

Philosophy and Ordinary Language, Urbana: University of Illinois Press.

Willet Thomas1988: *A Cross-linguistic Survey of the Grammaticization of Evidentiality*, *Studies in Language* 12(1).

Yongsheng Zhu1996: *Modality and Modulation in Chinese*, in Margaret Berry(et al.): *Meaning and Form: Systematic Functional Interpretation*, New Jersey: Ablex Publishing Corporation.

后 记

本书是在笔者博士论文《汉语情态问题研究》（南开大学，2003）和博士后出站报告《汉语助动词的情态表达研究》（上海师范大学，2005）的基础上整合而成。对于情态，我的博士论文和博士后出站报告探讨的都是具体现象，没有理论讨论。西方对于情态理论已有很深入的研究，对于汉语的情态问题，应该做细致、深入的事实研究。这既是国内语法研究的长处，也是对汉语情态进行理论探讨的前提和基础。

在这本书要出版的时候，我要感谢导师马庆株先生、范开泰先生，在读博士和做博士后研究期间，我有幸得到两位先生的教诲，尤其是两位先生开创的语法沙龙给了我很好的学术熏陶。另外，我的硕士导师山东大学教授张树铮先生也对论文提出了很好的修改意见。只是笔者蹉跎岁月，辜负了他们的期望。

本书的出版得到了南开大学教学团队项目经费的资助，我要感谢以曾晓渝教授为负责人的南开大学文学院“比较语言学”教学团队的大力支持。从完成博士后研究回母校工作至今，曾老师的教导和帮助，令我终生难忘！

最后，我要特别感谢语文出版社辞书和学术著作部最终促成了本书的顺利出版，感谢责编耐心细致的工作。

郭昭军